리커넥트

리커넥트
누구나 한 번은 혼자가 된다

장재열 지음

지드래곤 뮤지션, (재)저스피스 재단 명예이사장

•

누군가에게 그 무엇도 터놓을 수 없어 홀로 자신을 가둔 채 공허해질 때가 있습니다. 그렇게 마음이 외톨이가 된 상태일 때 누군가 먼저 손을 내밀어주는 것이야말로 가장 중요한, 그리고 꼭 필요한 일이라고 생각합니다. 저자는 그 손을 '연결'이라고 표현했습니다. 저의 음악 또한 누군가에게 손길이 되어 닿기를 바라듯, 이 책 또한 그 손과 닮았으면 좋겠습니다. 이 세상에 고립이 퍼지는 대신 사랑과 평화가 퍼져나가기를 바라며 이 책을 권합니다.

최재천 이화여대 에코과학부 석좌교수, 생명다양성재단 이사장

•

개미와 꿀벌, 하이에나, 그리고 우리 인간은 모두 사회성 동물이다. 사회성 동물은 사회를 떠나 홀로 생존할 수 없다. 그러나 사회 속에 있어도 우리는 때로 혼자가 된다. 외딴 무인도가 아니더라도, 명절날 서울역 대합실에서도 뼈저린 고립을 느낄 수 있다. 의료 기술과 예방의학의 발달 덕에 현대인의 몸은 예전보다 훨씬 건강해진 반면, 마음건강은 상대적으로 훨씬 더 나빠졌다.

그런데 마음건강은 아프고 나서 치료할 뿐 일상에서 미리 돌보는 법을 잘 모르기에 라이프스타일로는 존재하지 않는다. 사실 마음을 돌보는 방식들은 수없이 많다. 다만 그것들을 큐레이션해주는 사람이 드물 뿐이다.

여기, 건강한 식단을 알려주는 영양사와 건강한 몸을 만드는 운동 방법을 가르쳐주는 트레이너를 합쳐 놓은 듯한 '마음건강 큐레이터'가 정신이 피폐해져 병원을 찾기 전에 마음을 돌볼 수 있는 방법들을 수집하여 조곤조곤 들려준다. 살면서 자신이 겪은 몇 차례의 고립 경험과 더불어 '청춘상담소 좀놀아본언니들'이라는 NGO를 이끌며 11년 동안 약 4만 4천여 명의 고민을 상담한 저자는 고립에 빠지지 않도록 혹은 고립에 빠지더라도 너무 힘들지 않게 빠져나올 수 있도록 풍부한 사례와 방법을 알려준다. 아니, 거기서 그치지 않고 고립에 빠져 있는 다른 사람을 돕기 위해 해야 할 일과 절대로 해서는 안 될 일들도 알려준다. 이를 통해 사회성 동물로서 우리 모두 사회에 리커넥트되어, 서로에게 반려 존재가 되기를 추천한다. 이 책에서 저자는 굳이 진단하고 가르치려 하지 않는다. 대신 풍부한 사례를 통해 독자들이 스스로 처방을 내리도록 돕는다. 그리곤 기꺼이 영화 〈캐스트 어웨이〉의 배구공 '윌슨'이 된다. 두 권을 구입해서 한 권은 당신이 읽고 다른 한 권은 당신의 또 다른 배구공에게 선물하기를 바란다. 그래야 우리 모두 리커넥트될 테니까.

장동선 뇌과학자, 《뇌 속에 또 다른 뇌가 있다》, 《행복은 뇌 안에》 저자

•

'사람은 혼자 태어나서 혼자 죽는 거다. 그렇기에 인생은 원래 혼자 사는 거다.'라는 이야기를 꽤 오랫동안 마음속에 품고 살았습니다. 겉으로는 웃고 있어도 속으로는 꾹 참으며 눈물 흘릴 때도 많았고, 인간관계란 그저 스쳐 지나가는 것이니 오는 사람 막지 않고 갈 사람 잡지 않는다는 마음으로 살면서 나

의 속마음을 누군가에게 털어놓아야 할 가치도 느끼지 못했던 시기가 있습니다. '그래, 어차피 혼자 사는 세상이야' 이 이야기가 너무나 당연해서 어떤 진리처럼 느껴졌던 시간이 있었고, 그 시간 내내 사실 많이 외로웠습니다. 사람들 사이에서 더 외로웠기에 차라리 혼자 방 안에 있는 게 덜 외롭게 느껴질 정도로.

뇌과학을 공부하면서, 그리고 결혼하고 두 아이의 아빠가 되면서 새롭게 알게 된 사실은 우리가 혼자 태어나서 혼자 죽는 것은 맞지만, 결코 혼자서 살지 못한다는 것입니다. 인간은 태어나면서부터 부모와 주변 사람의 도움 없이는 생존할 수 없는 존재입니다. 세상을 지각하고 경험하며 언어를 습득하고 자아를 형성하기 위해서는 다른 존재와 연결되는 것이 필수적인 뇌를 우리 모두 가지고 있습니다. 나는 혼자가 아니구나. 이것을 알게 된 이후에 제 삶은 조금씩 더 행복해질 수 있었던 것 같습니다.

내가 혼자라고 느끼는 것은 외로움 때문에 나의 뇌가 만들어낸 이야기일 뿐, 실제로 우리는 모두 '연결' 안에서 살아가고 작동합니다. 연결되어 있음에도 철저하게 '혼자'라고 느낀다면, 그건 우리의 사회가 우리의 뇌에게 보여주는 거울상이 일그러져 있거나 우리의 뇌가 그 때문에 현재 건강하고 행복하지 못하다는 증거입니다.

우리가 건강하고 행복하게 살아가기 위해서는 '연결'을 다시 회복해야 합니다. 뇌 안의 세상을 뇌 밖의 세상과 연결하고, 서로 다른 삶을 살아가는 여러 사람들의 뇌가 서로 연결되어 있음을 느낄 수 있어야 합니다. 이 책은 그러한 '연결의 회복 - 리커넥트'의 이야기를 매우 진솔하고 설득력 있게 들려주고 있습니다. 외로움을 느끼는 더 많은 이들이 이 책을 통해서 연결될 수 있기를, 그리하여 더 건강하고 행복하기를 진심으로 바랍니다.

장은실 레슬링 선수, 방송인, 넷플릭스 오리지널 〈피지컬: 100〉 출연자

•

사람들의 마음이 아픈 세상이다. 많은 사람들이 앓고 있다. 마음이 건강하려면 몸이 건강해야 한다. 동시에 몸의 건강은 마음의 건강에서 비롯된다. 몸과 마음을 건강하게 만드는 책을 찾던 중 누구나 한 번은 맞닥뜨릴 수 있는 고립을 다룬 책을 만났다.

이 책을 쓴 장재열 작가는 사람들의 눈높이에서 함께 아파할 줄 아는 실천형 상담가다. 지금껏 이토록 친절하게 고립을 겪는 사람들의 내밀한 이야기를 담은 책은 없었다. 저자는 그 누구에게도 마음을 털어놓지 못해 철저히 혼자인 사람들을 위해, 다정한 위로는 물론 실용적인 리커넥팅 테라피까지 꾹꾹 눌러 담았다. 이 책을 읽은 이상 나의 마음도, 타인의 마음도 더는 모른 채 할 수 없을 것이다. 인생의 칠흑 같은 어둠 앞에서 길을 잃은 모든 이에게 이 책의 일독을 권한다.

유승규 안무서운회사 대표

•

심리학에서 최고의 치유자를 '운디드 힐러(상처받은 치유자)'라고 한다는데, 장재열 작가에게 딱 맞는 표현이다. 자신의 고립 경험과 함께 상담사로서의 진솔한 성찰이 두루 녹아있다. 위로와 공감을 넘어 나름의 해결방안과 사회와 연결될 수 있는 실질적 지원 정보를 담은 것 역시 고립된 분들과 주변인의 간절함을 알기에 녹아있는 디테일이 아닐까?

나 역시 5년간 은둔을 경험해서 당사자성만큼은 자신 있었는데, 이 책의 진솔함을 접하고 조금은 질투가 생겼다! 예전에는 남사스럽다 치부하던 고립과 은둔의 경험을 이야기해도 괜찮다고 어떤 선생님이 인정해주는 기분이다.

인생에서
끝이 안 보이는 터널을
만난 적 있다면

안녕하세요. 상담가 겸 작가 장재열입니다. 당신은 지금 인생에서 어떤 시기를 살아가고 있나요? 어쩌면 가장 어두운 터널을 지나는 중일 수도 아니면 사랑하는 누군가가 그 터널을 지나는 모습을 지켜보는 중일 수도 있을 겁니다. 혹은 그런 것들과 전혀 관계없이 무탈히 잘 지내는 평온한 시기일 수도 있겠죠. '고립'이라는 개념이 낯설지만 궁금해서, 또는 지나온 인생에서의 어떤 순간이 떠올라서 이 책을 펼쳤을 겁니다.

고립

여러분에겐 이 단어가 어떤 이미지로 다가오나요? 저는 제 인생에서 고립을 경험하기 전까지는 영화 〈캐스트 어웨이〉를 떠올리곤 했습니다. 우연히 무인도에 표류하게 된 단 한 명의 생존자가 구조를 기다리며 외딴섬에서 살아가는 모습이요. 사람 하나 없이 너무도 외로운 나머지 파도에 떠밀려온 배구공에 사람의 얼굴을 그리고 '윌슨'이라고 이름 붙이며 말벗 삼는 것도, 그 공이 폭풍우 때문에 저 멀리 바다로 떠내려갈 때 오열하며 "윌슨! 윌슨!"이라고 외치던 것도 모두 충격적일 만큼 인상적이었습니다. 저에게 고립은 그러한 외딴섬 같은 이미지였어요.

하지만 제 인생에서 몇 번의 고립을 경험한 지금은 오히려 '서울의 환승역'이 떠오릅니다. 수많은 사람들이 오가는 그 환승역이요. 이 거대한 도시 속 수많은 사람들과 부대낀 채 평범한 오늘을 살아가는 것'처럼' 보이는 사람들 중에도 고립된 존재는 수없이 많다는 걸 알기 때문이지요.

앞으로 이 책에서도 여러 번 말하게 될 메시지입니다만, '사회적 고립'이란 '방문을 잠그고 방 안에 틀어박힌 상태'만을 뜻하는 게 아닙니다. 일도 하고 외출도 하지만, 누구와도 연결되지 않은 상태. 전화나 카톡도 한 통 오지 않고, 먼저 연락할 사람이 없는 상태. 오히려 이게 사회적 고립에 더욱 걸맞는 이미지랄까요. 이러한 '마음이 외딴 상태'는 인생에서 가장 어두운 순간에도 찾아오지만, 가장 빛나 보이는 순간에도 찾아올 수 있습니다. 적어도 저는 그랬어요. 두 가지 경우 모두 겪었죠.

제 인생 가장 힘겨웠던 고립의 기억은 스물아홉 살 때였어요. 나 자신이 가장 초라하다고 느낀 시기였지요. 지금까지 자신을 혹사시킬 정도로 애쓰며 살아온 모든 것이 물거품 된 것 같았으니까요. 초등학교 1학년, 가난한 주제에 반장선거에 나가고 싶어했다는 이유만으로 왕따가 시작되었습니다. 점차 수위가 심한 학교폭력으로까지 이어졌던 학창 시절을 견뎌야 했던 저는 오로지 '가해자들보다 잘 살고 싶다. 가난해 보이고 싶지 않다.'라는 이유로 최고의 대학, 최고의 직장에 집착하며 10대와 20대를 보냈어요. 자기 자신을 혹사시키는 걸 정당화하는 아이였지요.

그렇게 서울대 미대를 나와 마침내 삼성의 한 패션 계열사 공채에 합격하던 날, '이제는 고생 끝'이라고 굳게 믿었습니다. 그리고 미대를 나와 패션 회사를 다니는 저에게서 모두들 '가난'을 발견할 수 없게 되었지요. 미운 오리가 백조로 변신한 것만 같았습니다. 하지만 그 기쁨은 오래가지 않았습니다. 번아웃과 우울증, 공황장애로 직장을 그만두어야 했거든요.

다들 회사 생활 힘들다면서도 잘만 버티는데 나 혼자만 정신질환자가 되었다는 수치심. 그리고 가해자들보다 더 잘 살겠다는 목표가 물거품 되어버린 것 같은 허무함에 방에만 틀어박혀 지냈어요. 당시 직장인이었던 여동생이 아침밥을 차려놓고 나가면 그 밥상은 그녀가 퇴근할 때까지 그대로였습니다. 눈을 뜨기 싫어서 잠만 잤거든요. 번아웃과 공황장애 그리고 우울증까지 겹쳐 초라해져버린 모습을 누구에게도 보이기 싫어, 모두와의 연결고리를 스스로 끊어버린 거지요.

사실 이때는 제가 고립된 상태라는 것을 인지조차 하지 못했어요. 그저 '다들 버티는 회사 생활조차 못한 실패자' 같아 모든 게 부끄럽고 수치스러워서, 아무도 날 몰랐으면 좋겠다는 생각뿐이었어요. 오로지 세상에서 내가 가장 한심한 존재일 거라는 늪에 빠져 스스로를 제대로 보지 못했습니다.

그 당시의 제가 고립 상태라는 것. 그리고 번아웃이 오래되면 누구라도 고립에 빠질 수 있다는 것. 그러니 내가 그렇게 유난스러운 것도 나약한 사람도 아니었다는 것은 이 책의 집필을 청년재단과 저스피스 재단으로부터 제안받고, 그때의 저와 꼭 닮은 100여 명의 사례자와 교감하고 나서야 깨달았지요. '그때의 나는 자책이 아니라 도움이 필요했구나'라는 것도요.

하지만 운 좋게도 당시의 저에겐 먼저 도움의 손길을 내밀어 주시는 분이 있었어요. 당시 상담사 선생님은 글쓰기 치료를 권했고, 그렇게 블로그에 글쓰기를 시작하면서 생각지 못했던 세상과의 연결고리가 만들어졌습니다. 나만 부적응자처럼 뒤처진 줄 알았는데 얼굴 한 번 보지 못한 수많은 사람들이 제 이야기에 공감하며 울기도 하고, 때론 제게 위로받았다며 만남을 청해왔어요. 혼자만의 치유를 위해 쓰던 일기장 같은 글이 누군가에게 숨통이자 연결고리가 되었던 거지요. 물론 제게도요.

삽시간에 4만여 명이 구독했습니다. 어느덧 제 글을 읽어주는 독자 그러니까 비슷한 또래의 청년들과 함께 한 달에 한두 번 커피를 마시며 서로 이야기를 들어주고 고민을 나누기 시작했습니다. 그러다 수많은 사람들의 요청과 함께 심리학을 전공한 몇 명의 청년들이 자발적으로 제 동료가 되겠다고 나서면서, 이 작은 자조 모임은 훗날 상담 NGO인 '청춘상담소 좀놀아본언니들'의 설립으로 이어졌지요.

그렇게 저는 2024년 대표 자리에서 물러나기 전까지, 11년 동안 약 4만 4천여 명의 고민을 무료로 상담해왔습니다. 약해지거나 만만해지면 괴롭힘당하고 무시당할까 봐 공작새의 꼬리마냥 한껏 자신을 부풀려야 한다고 믿었던 제가 상담가가 되고, 작가가 되고, 글쓰기로 나 자신과 타인에게도 온기를 건넬 수 있는 사람이 된다는 건 제겐 참으로 마법 같은 일이었습니다.

그 세월 동안 사람들과 나누었던 이야기들을 모아 차근차근 몇 권의 책도 내고, 감사하게 베스트셀러 작가도 되어보고, 어느덧 텔레비전에 나오는 것이 익숙해진 30대 후반. 어쩌면 주변 사람들의 눈에는 가장 화려해 보였을 시기에 또 한 번의 고립이 찾아왔어요.

20대 끝자락의 고립은 너무 초라해서 타인에게 내 모습을 보이고 싶지 않았다면, 30대 끝자락은 내가 말을 꺼내봤자 누구도 나를 도와주지 못한다는 생각에 폐를 끼치고 싶지 않아 속으로만 삭혔던 시간이었습니다. 제 글을 표절한 대기업과의 소송, 터무니없는 루머에서 시작된 언론사와의 소송까지. 10년 전 고립 시기에는 저를 응원하고 믿어주었던 가족조차도 무엇을 어떻게 도울지 생각할 수 없을 만큼 거대한 골리앗과의 갈등 속에서, 저는 점점 혼자 감내하는 것을 택했습니다.

평범한 회사원이었던 가족, 친구들, 지인들은 좀처럼 겪기 힘든 사건을 겪는 저를 보며 "도와줄 방법은 모르겠는데 마음이 너무 아프다…"라고 말하곤 했습니다. '내가 고민을 털어놓을 때마다 내 불행이 해결되지는 않고, 오히려 주변에 전염시키는 것 같다'며 폐를 끼치는 것 같다는 생각이 들 때쯤, 저는 혼자를 택해버렸어요.

마음이 헛헛해지면 혼자 공원을 산책하곤 했지요. 하지만 뜻밖의 곳에서 또 다른 '연결'을 만났습니다. 저처럼 마음 둘 곳 없이 공원을 거닐고 있던 동네 사람들과의 대화 속에서요. 아저씨도, 아줌마도, 할아버지도 있었습니다. 그들 모두 각자의 인생에서 혼자 버티는 시간을 겪고 있었어요. 나이, 직업, 성별 모든 게 다르고, 통성명조차 안 한 사이지만 공원 벤치에 앉아 짧은 대화를 나누고 나면 깊은 울림이 있었습니다.

동네에서 만난 마을 사람들은 저에게 '모두의 인생에서 한 번쯤은 고립이 찾아온다'는 지극히 당연하지만 외면하고 있었던 사실을 깨닫게 해주었습니다.

그러고 나니 결론이 명료해지더군요. 이미 몇 번의 고비를 지났지만 앞으로도 제 인생에서 언제든 다시 고립은 찾아올 수 있고, 그것은 내 인생이 초라한 순간이든 화려한 순간이든 상관없으며, 의외로 나이나 재산이 많고 적음과도 무관하다는 것이 그 결론이지요.

이 사실을 피부로 느꼈을 때 역설적으로 저는 더 이상 고립을 두려워하지 않게 되었습니다. 두려움이 사라진 자리에 깨달음이 찾아오기 시작했어요. 고립을 막아내는 게 정답이 아니라, 몇 번이나 고립된 순간이 찾아오더라도 나와 함께해줄 사람은 '나'라는 깨달음. 최소한 내가 살아있는 동안은 내가 나 자신의 가장 다정한 친구로 살아내야 한다는 사실. 그렇다면 이제 그 구체적인 방법을 찾아 나서야겠다는 것까지요.

저는 항상 모임에 가면 혼자 우두커니 앉아 있는 사람에게 제일 먼저 말을 걸곤 했습니다. 그런데 사실은 '나에게도 그런 따뜻함을 건넸을까? 내가 우두커니 세상 속에 홀로 앉아 있을 때, 나에게 말을 건넸을까?' 생각해보니 지난 39년간 그러지 못했더군요.

마흔을 맞이한 이후로 저는 누구보다 나 자신과 다정한 날들을 보내게 되었습니다. 지금 이 순간이기에 이 책을 집필할 수 있었다고 생각합니다. 지나온 모든 고립의 경험과 그 속에서 다시 연결되는 경험들, 그리고 스스로에게 다정해지며 자신의 안녕한 하루하루를 일구어내는 경험까지 하고 난 지금에서야 '고립과 회복'이라는 주제에 대해 말할 수 있는 최소한의 자격을 갖추었다고요.

이 책은 제 경험과 시선이 흘렀던 방향대로 여러분도 느긋하게 함께할 수 있도록, 시간 순서대로 엮었습니다. 고립이란 정확히 무엇인지 알아갈 수 있는 첫 번째 파트, 사람들은 어떤 이유로 고립을 겪는지 살펴보는 두 번째 파트, 사랑하는 사람이 고립을 겪고 있을 때 어떻게 도와야 할지 살펴보는 세 번째 파트로 구성되어 있는데요. 2, 3파트에는 중간중간 내가 고립을 겪고 있거나 주변 사람이 고립을 겪고 있다면 지금 바로 실천할 수 있는 '리커넥팅 테라피'까지 곁들였어요. 이야기책을 읽듯 흘러가시다 보면 꽤 많은 정보가 자연스레 스며들어 있을 겁니다.

부디 이 책을 읽는 시간이 저를 비롯한 이 책 속의 많은 사례자들과 함께 호흡하며 또 하나의 연결을 경험하는 따뜻한 시간이기를 바랍니다. 그리고 아마 이 책을 다 읽을 때쯤 느낄 거예요.

'당신이 안녕하기를 바라는 사람은 당신의 생각보다 많다는 걸요'

당신의 안녕을 진심으로 기도하며, 이야기를 시작하겠습니다.

2

어쩌면

당신도

경험한 적 있는

이야기。

part 1

누구나

한 번은

혼자가 된다.

01.

상담가인 나조차도
고립의 뜻을 몰랐었다니

●

"그러지 마시고, 한번 미팅이라도 하시면 어떨까요?"

"아… 진짜 힘들 것 같은데…."

"저희는 꼭 작가님의 시선으로 담았으면 하거든요."

오랜만에 신간을 내면서 북토크며 작가와의 만남이며 여러
모로 바쁘게 지내던 2024년 봄날, 저는 한 통의 전화를 받고 고
민에 빠졌습니다. 책을 낸 지 얼마 되지 않았는데, 한 권을 더 쓰
면 좋겠다는 제안을 받은 거예요. 출간 제안을 받았냐고요? 맞
다고 하기 뭐하고 틀렸다고 하기도 뭐한데, 정확히는 집필 제안
이었어요.

두 개가 무슨 차이냐고요? 일반적으로는 출판사에서 제안이 오거든요. "작가님. 예전 작품 잘 봤는데, 다음 책은 저희랑 하시면 어떨까요?"라고요. 보통 이런 걸 '출간 제안'이라고 하죠. 그런데 이번에 연락을 받은 곳은 출판사가 아니었어요. 사회공헌을 목적으로 하는 공익재단이었습니다. "저희가 이런 공익적인 주제를 가지고 있는데, 그에 맞게 글을 써 주실 수 있을까요?"인 거였어요.

작가로 데뷔한 지 11년 만에 처음으로 받아본 집필 제안이었는데요. 전화를 받고 처음 느낀 기분은 의아함 반 감사함 반이었어요.

'와, 무슨 주제의 책이길래 나의 시선이 꼭 필요한 거지? 그나저나 내 글을 참 좋게 봐주셨구나.'

이런 생각이 먼저 들었죠. 그렇지만 쉽사리 미팅을 하자는 말이 안 나왔어요. 부담이 되었거든요. 저는 작가이기 이전에 상담가로 살아온 세월이 훨씬 길었기에, 상담에서 만난 사람들의 이야기를 토대로 글을 씁니다. 그렇기 때문에 전업 작가에 비해 책을 내는 주기가 긴 편이에요.

하나의 주제를 정하고 나면 지금까지 상담으로 만났던 4만여 명의 내담자분 중에 그 주제에 해당하는 분들을 찾아봐야 하고, 당시의 자료를 살펴보며 상세히 기억을 되살려봐야 합니다. 또 그분들께 책에 당신과의 이야기를 다루어도 되는지 일일이 연락

드려서 동의도 구해야 하지요. 동의하셨어도 끝이 아닙니다. 혹시라도 폐를 끼치지 않도록 한 분 한 분의 개인정보를 보호하기 위해 약간의 편집을 거쳐 쓴 글을 한 번 더 보여드리면서 확인도 받아야 하지요. 상당히 많은 프로세스가 필요하지요? 실제 인물이 등장할 때는 아무래도 조심스러울 수밖에 없거든요. 그렇잖아요? 아무리 공익적인 주제로 책을 써서 많은 사람들에게 도움을 주고자 한들, 그 과정에서 사례자 한 명이라도 원치 않게 노출되거나 상처받는 일이 생겨서는 안 되니까요.

그러다 보니 책 한 권을 쓰기까지 결심하는 데에도 꽤 긴 숙고가 필요한 편이에요. 신간을 낸 지 얼마 되지도 않은 데다가 '최소 2년 정도는 있다가 다음 책을 써야지'라고 생각하던 찰나에 덜컥 전화를 받게 된 거죠.

계속 난처해하는 저에게 꼭 작가님이었으면 좋겠다는 재단 직원의 말을 들으며 궁금증이 생기긴 했어요.

'세상엔 참 많은 작가가 있는데, 왜 꼭 나여야 하지?'

그 호기심 때문에 결국 미팅을 잡고 말았어요.

미팅 날, 인사를 나누자마자 질문부터 했지요.

"지난번 전화 너무 감사했어요. 근데 대체 무슨 주제로 책을 써야 하길래 저를…"

"아, 작가님. 저희는 '고립'에 대해서 글을 써주십사 제안을 드리고 싶어요."

아, 그제야 이해가 됐습니다. '막 출간된 신작을 읽으셨구나' 싶더라고요. 그 책에서 가장 많은 분들이 울컥하셨다는 에피소드 하나가 생각났거든요. 오랜 공시 생활을 포기하고 방 안에 틀어박힌 20대 청년이 저와 100일간 이메일을 주고받으며 방을 빠져나오게 된 이야기였지요. 냉큼 물었습니다.

"아, 《마이크로 리추얼: 사소한 것들의 힘》에 태경 씨 이야기 읽으셨구나. 그 부분 때문이죠?"

"어…. 읽긴 했는데, 꼭 그 부분 때문은 아니었어요. 그분은 은둔 청년이셨죠?"

"네, 그렇죠?"

"작가님, 저희는 조금 더 넓은 이야기를 하고 싶어요. '사회적 고립'이요."

"사회적 고립…."

"네, 작가님은 '은둔'과 '사회적 고립'의 차이를 아시죠?"

"알긴 알죠."

"사회적 고립 인구가 얼마나 되는지도 혹시 아세요?"

"그것까진 잘 모르겠는데요…."

"최소, 정말 최소로 잡아도 54만 명이에요. 노인과 중년을 제외하고 청년만 잡아도 54만 명이요. 전 연령으로 확대하면 백만 명은 가뿐히 넘어간다고 보거든요."

저는 꽤 놀랐지요.

"방에 틀어박힌 사람이 54만 명이나 된다고요? 저 살던 도시 인구 전체인데?"

"단순히 많은 것만 문제는 아니에요."

재단 측에선 자료 하나를 내밀었어요.

'사회적 고립'은 행복한 양질의 삶을 위한 인적 자본, 경제적 자본 등의 다차원적 자본 중 사회적 관계 자본이 부족하거나 결핍된 상태로 정의할 수 있다.

2021년 기준 한국의 고립 청년은 54만 명으로, 2019년 34만 명에서 20만 명이 늘어났다.

13세 이상 인구 중 사회적 관계가 결핍된 인구의 비율은 13.7퍼센트, 사회적 지지 체계가 결핍된 인구의 비율은 12.5퍼센트, 사회적 관계뿐만 아니라 사회적 지지 체계가 모두 결핍된 사회적 고립 인구 비율은 6퍼센트이다.

청년 고립의 건강비용, 경제비용, 정책비용을 합산한 청년 고립의 총 사회적 비용은 연간 6조 9천억 원으로 추산된다.*

—

*
청년재단, 〈청년 고립의 사회적 비용에 관한 연구〉, 2023.

전체 고독사 중 5.8퍼센트가 20~30대인 데다가, 이 중 약 50퍼
센트가 고립에 의해 스스로 목숨을 끊은 경우다.*

심각한 표정으로 읽어나가는 저에게 그들은 말을 이어 나갔
어요.
　"진짜 걱정스러운 건, 이렇게 심각한 문제인데 저희가 아무리
캠페인을 해도 시민들에게 가 닿지 않는 느낌이 들 때가 있어요.
대부분 '고립'이라는 단어를 들으면 방에 틀어박힌 사람을 떠올
리거든요. 방금 작가님도 그러셨듯이."
　"그렇…죠?"
　"근데 그건 은둔이거든요. 고립은 또 다른 양상인데 사람들
이 고립에 대해서 오해하다 보니 내 일, 내 주변 일이라고 아예
생각 자체를 못하시는 거예요. 심지어 고립 당사자조차도요."
　그 말을 들은 저도 아차 싶었지요.
　"생각해보니 저도 방금 팀장님이 사회적 고립이 주제라고 하
셨는데도 은둔 청년만을 떠올렸네요. 상담가인 저조차도 헷갈리
고 있군요."

—

*
보건복지부, 〈2024년 고독사 사망자 실태조사〉, 2024.

그랬습니다. 저조차도 고립이라는 단어를 듣자마자 방 밖에 나오지 못했던 청년들을 상담했던 기억만 좌라락 떠오르는 거예요. 그러면서 저도 모르게 이런 생각을 했죠. '음… 책의 제목은 《방에서부터 현관까지, 마음의 거리 360킬로미터》 뭐 그런 식으로 지으면 좋을까?'라고요.

여러분은 어떠세요? '고립'이라는 단어를 들으면 무엇이 떠오르세요? 저처럼 방문을 잠그고 안 나오는 사람들이 제일 먼저 떠오르진 않았나요? 혹은 낯설어서 아무 이미지도 떠오르지 않았을 수도 있겠지요.

사실 저도 크게 다르지 않았거든요. 그런 저에게 재단의 직원들은 꼭 함께해달라고 부탁했어요. 점점 고립의 위험에 더 많이 노출되는 현대인에게 낯선 이 개념을 어떻게 설명해야 할지, 왜 남의 일이 아니라 누구에게나 찾아올 수 있는 것인지, 직관적으로 알리고 싶은데 직원들의 노력만으로는 어려웠다고요. 그런데 10년간 4만 4천여 명을 상담한 장재열 작가라면 상담가로서의 사례도, 작가로서의 필력도 충분할 테니 제격이라고 다들 의견을 모았다면서요.

"어… 무슨 말씀인지 알겠어요. 그렇게 봐주시니 정말 감사하지만, 솔직히 저를 과대평가하신 거 같아서 부담돼요. 하하하…. 어쩌지? 저 그럼 딱 일주일만 고민해볼게요."

미팅을 마치고 나오는 길, 나지막이 저는 읊조렸습니다.

'너 지금 무슨 짓을 한 거야. 딱 잘라 거절했어야지. 일주일 뒤에 어쩌려고? 너 지금 연말까지 스케줄이 한가득인데 무슨 수로 할래? 너 못해. 지금이라도 돌아가서 거절해, 얼른.'

그랬어요. 이성적으로 생각하면 소화할 수 있는 시간적 여유도 없었을뿐더러, 그들의 기대만큼 '고립'이라는 주제에 대해 깊은 식견을 가지고 있지도 않았어요. 많은 사례자를 만나봤지만 이 주제로 연구해봐야겠다고 생각한 적도 없었지요.

그럼에도 단칼에 거절하지 못한 채 일주일만 달라고 한 이유는 무엇이었는지, 저도 제 마음을 이해할 수 없었어요. 그래서 근처 카페에 앉아 한참 고민을 해봤지요. '나는 대체 무엇 때문에 고민해본다고 한 거지?' 한참 노트에 끼적끼적하다 보니 그 의문이 풀렸어요. 미팅이 끝나고 엘리베이터로 향하는 길을 배웅해주시던 재단 직원 수연 님이 이런 말을 했거든요.

"작가님, 어려우시더라도 꼭 한 번만 긍정적으로 생각해주셨으면 좋겠어요. 제가 여기서 일하면서 참 많은 사람을 만나는데요. 지금 자기가 고립인지 모른 채로 고립되어가는 분들도 마음이 아프지만, 그 곁에 있는 주변 사람들을 볼 때도 마음이 정말 아프거든요. 어떻게 도와야 할지 몰라서 화도 내보고, 어르고 달래도 보고, 발을 동동 구르다… 결국 그분들마저 지치는 경우를 너무 많이 봤어요. 고립된 사람은 백만 명일 수도 있지만 그

옆에서 애타게 보고 있는 가족이나 연인, 친구는 천만 명일 수도 있거든요."

그 이야기를 들으며 엘리베이터를 타는 순간, 제 머릿속에는 오랫동안 잊고 있었던 두 젊은이의 얼굴이 떠올랐어요. 하나는 제 인생에서 가장 마음 아픈 기억으로 남은 옛 연인 A였고, 또 하나는 그 곁에 서 있는 20대의 저였어요. 고립이라는 단어조차 몰라서 자신이 어떤 상태인지도 알아차리지 못했던 A, 그리고 아끼고 사랑하는 사람을 어떻게 도와야 할지 몰라 답답해하며 발만 동동 굴렸던 나. 그 두 사람의 얼굴이 말이지요.

**핸드폰 최저 요금제를 써도
충분한 사람**

●   A는 20대 끝자락에 만나 2년 정도를 함께했던 친구였어요. 제가 자주 가는 카페 직원이었는데요. 말갛고 뽀얀 피부에 웃음이 해맑은 친구였지요. 이제는 40대가 되어 지나간 옛 연인들의 이름이 가물가물해지는 가운데서도 유독 또렷하게 기억되는 한 사람입니다. 가장 사랑했냐고요? 그렇다기보단 가장 아픈 손가락 같은 사람이랄까요.

상담가가 된 지금 와서 돌이켜보면 그 친구는 명백한 사회적 고립 상태였어요. 그리고 유일했던 세상과의 마지막 연결고리가 바로 저였고요. 때때로 상담하다가 비슷한 사연을 만나면 생각나곤 했어요. '아마 지금이었다면 이런저런 방법으로 그 친구를 도울 수 있었을 텐데, 지금은 잘 지내려나? 이제라도 세상 밖으로 나가 사람들과 어울려 지내면 좋을 텐데.'라고요.

처음 만났던 날이 아직도 선명하게 기억납니다. 낯을 많이 가리는 친구였어요. 활달하고 말이 많은 제 입장에선 답답할 만큼요. 그럼에도 그 친구가 좋았던 이유는 '찐 사랑' 같아서였어요. 20대 때는 상대가 나만 보는 것 같고, 그 사람의 세계가 나로 꽉 차 있는 것 같은 모습을 진정한 사랑이라고 오해했었거든요. 그래서 '어쩌면 진짜 반쪽을 찾은 걸지도 몰라!'라고 생각하며 가슴이 쿵쾅거리곤 했어요.

제가 엄청 보수적인 분위기의 집안에서 자랐는데, 부모님한테는 비밀로 하고 일주일에 사나흘씩 그 친구 집에서 자고 올 정도였다니까요? 이제는 뭐 저도 마흔이 넘었으니까 이 책을 읽은 저희 부모님도 그러려니 해주시겠죠? 어쨌든 그렇게 함께 지내는 시간이 길어지면서 저는 뭔가 의아한 점을 발견했어요.

사귄 지 석 달이나 지났고, 심지어 반 동거 상태라 다른 커플들보다 함께 지내는 시간이 굉장히 긴데 가족들과 연락하는 모습을 한 번도 본 적이 없다는 거였지요.

부모님이 뭐 하시는 분이냐고 물어봤을 때 과수원을 하신다고 했거든요. 그래서 '부모님이 안 계신 건 아닌데… 사이가 안 좋은 건가?' 싶었어요. "너는 부모님이랑 연락 안 해?"라고 묻고 싶다가도 너무 사적인 질문이려나 싶어 '하지 말자' 하고 말았지요.

그렇게 보름쯤 지났을 때 또 다른 의문이 드는 거예요.

'잠깐. 이 친구는 부모님이랑만 연락을 안 하는 게 아닌 것 같은데?'

하루 종일 데이트하면 중간중간 누군가한테 연락이 왔나 핸드폰을 확인하는 저와 달리 이 친구는 가방에 핸드폰을 집어넣으면 집에 갈 때까지 꺼내는 법이 없었어요. 처음에는 나와의 만남에 오롯이 집중해주는 거라고 생각했는데, 어느 날 다른 주제로 대화하다가 그게 아니라는 걸 우연히 알아차리게 됐지요.

"폰 요금제 뭐 써? 나는 데이터 무제한 쓰는데."

"난 요금제 1,200원짜리."

"어? 1,200원? 말이 돼? 그런 게 있어? 엄청 싸네?"

"응. 알뜰폰 몰라?"

"뭐야. 나 아예 몰랐어. 어, 뭐야. 나도 바꿀래. 잠깐 봐봐."

A의 요금제를 본 저는 깜짝 놀랐어요.

"어? 이거 음성통화 기본 제공이 30분밖에 안 되고, 문자는 아예 없네?"

"응."

"안 불편해?"

"어. 이것도 남아."

"이게 남는다고? 나랑만 통화해도 한 달에 30분은 쓸 텐데?"

"응. 너랑'만' 통화하니까."

그러고 보니 A는 부모님뿐만이 아니라 그 누구와도 전화 통화를 하지 않았어요. 그 누구와도 카톡을 하지 않았고요. 당시 20대라면 거의 다 사용하던 페이스북도 당연히 하지 않았어요. 타인과 연결되는 그 무엇도 하지 않고 있었지요.

저는 아주 조심스럽게 물었어요.

"A야, 나 말고 연락하는 사람 누구누구 있어?"

"우리 매장 사장님, 마감 알바 교대하는 이모님, 주말 알바 대학생 애기…? 그 정도?"

"아니, 알바하는 곳 동료분들이랑 사장님 말고는?"

"주인아줌마…?"

"아니, 말고."

"끝."

"끝?"

"어."

심드렁하게 고개를 돌려버리는 A를 보며 이건 뭔가 위험하다는 직감이 들었습니다. 당시의 저는 상담가가 아니었어요. 미대를 졸업하고 패션 회사 인사팀에서 일하는 평범한 사회초년생이었지요. 심리학적인 지식도, 경험도 전무한 상태였지만 그럼에도 위태로움이 오롯이 전해졌어요. 평범하게 알바도 다니고, 매장에서 손님들에게 커피도 내려 드리고, 주말에는 밥 먹으러 나가기도 하는, 겉으로 보기에는 '멀쩡'해 보이는 모습이기에 오히려 더욱 위험한 상황이라는 걸요. 연인인 저조차도 몇 달이 지나서야 무언가 이상함을 감지했으니까요.

저는 이내 의문이 들었습니다.

'A가 현재 나를 제외한 그 누구와도 연결되어 있지 않다면, 나를 만나기 전까지는 완전히 혼자서 지냈다는 말인가? "주문하시겠어요?"와 "주문하신 커피 나왔습니다." 같은 말 외에는 아무런 소통도 하지 않은 채로? 얼마나 긴 시간 동안? 어떻게? 그리고 왜?'

03.

꿈 많던 아이가
고립된 청년이 되기까지

●   A의 집은 어릴 적부터 농장을 했대요. 동네에
서 가장 큰 블루베리 농장이었다고 들었어요. 집이 가난한 편은
아니었지요. 외동이었던 A는 부모님과 함께하는 시간이 무척 길
었대요. 초등학교 고학년 때부터 과수원 일에 투입되기 시작했
거든요. 친구들이랑 놀고 싶었지만, 블루베리는 수확하는 시기
가 매우 중요한 품종이라나요? 그 시기가 방학이랑 얼추 겹쳐서
항상 블루베리를 따며 방학을 보냈대요.
        자취방에 모아둔 어린 시절 일기장을 보아도 정말 블루베리
이야기뿐이었어요. 특히 방학숙제 그림일기에는 보라색 크레파
스가 정말 열일했더라고요. 내용은 온통 '블루베리를 많이 따서

기분이 좋다', '블루베리 농사가 잘 안 되어서 엄마랑 아빠가 싸웠다', '쐐기에 쏘여서 너무 아팠다' 같은 것들뿐이었어요.

그나저나 그림일기를 보던 저는 깜짝 놀랐어요. 전엔 몰랐는데, 이 친구 그림을 너무 잘 그리는 거예요. 미대를 다니며 미술학원 알바를 오래 한 저로서는 수많은 아이의 그림 실력을 봐왔지만, 그중에서도 압권이었어요.

"너 그림 엄청 잘 그리네? 야, 나보다 더 잘 그릴 거 같은데?"

"…좋아하긴 했었지. 옛날에."

"미대 안 가기엔 너무 아까운 실력이다. 너 집안 사정도 괜찮았다며."

A는 갑자기 저를 빤히 쳐다보며 알 듯 모를 듯한 질문을 했어요.

"너는 집안 사정이 뭘 의미한다고 생각해?"

"어… 돈? 형편? 그런 거 아닐까."

"돈은 있는데, 쓰지 않으면? 썩어 문드러지는 한이 있어도 쓰질 않으면? 그건 집안 사정이 괜찮은 걸까?"

사실 A네 농장은 할아버지가 하시던 거라고 했어요. A의 부모님은 서울로 상경해서 직장 생활을 하시던 분들이었다고 해요. 아버지는 서울의 4년제 대학을 졸업 후 꽤 큰 은행에 취업했는데, 같은 직장을 다니던 어머니를 만나 결혼했고요. 그때만 해도 보수적인 분위기의 직장이라면 사내 커플이 결혼했을 때, 한 명이 그만두거나 이직하는 분위기가 있었나 봐요. 그렇게 어머니는 결혼과 동시에 전업주부가 되셨지요. 하지만 아버지 외벌이로도 꽤 괜찮았기 때문에, 1990년대 초인데도 집에 캠코더가 있을 정도였다고 하더라고요. 그래서 A의 돌잔치쯤부터 6살까지의 자료가 정말 많았대요.

하지만 IMF 외환위기가 터지고, A가 초등학교에 들어갈 때쯤 상황은 급변했어요. 정리해고가 시작된 거지요. 부부가 동시에 다니면 정리해고 대상이라는 소문이 돌았지만, A네 어머니는 결혼과 동시에 퇴사했기 때문에 무사할 거라고 믿었대요. 심지어 당시 A네 아버지는 연봉도 높지 않은 30대 직원이었기 때문에 어떻게든 노란 봉투만은 피하지 않겠나 생각했대요. 책상 위에 노란 봉투가 올라오면 '나가라는 신호'였다나요. 그런데 결국 노란 봉투를 받게 되었고, 얼마 지나지 않아 A네 가족은 고향으로 내려가게 됐습니다.

한참 예민할 초등학생 시기에 전학을 간 A는 아이들에게 관심의 대상이었대요. 하지만 좋은 의미의 관심은 아니었지요. 시골 아이들의 상상 속 서울 아이는 세련되고 부유해야 하는데, 사촌들의 옷과 학용품을 물려받은 A는 상상 속의 그 서울 아이가 아니었기에 끝없는 질문 세례를 받아야 했습니다.

"너는 서울 앤데 왜 그래?", "너는 서울 애가 왜 이것도 몰라?", "너는 서울 애라서 이런 거 모르지?" 수많은 질문과 관심 속에 점점 위축되던 A는 말수가 적어지고 쉬는 시간마다 자는 척을 하며 위기를 모면했습니다.

그렇게 반년쯤 지났을까. 아이들은 서울에서 온 아이에 대한 호기심이 사그라들자 A를 데면데면 취급하기 시작했대요. 뭐랄까. 적극적으로 따돌린 건 아니지만 친해질 수 있는 골든타임이 지나가버렸다고나 할까요. 자연스레 혼자 낙서를 하며 보내는 시간이 길어졌지요. 그림을 그릴 때면 잠시 외로움을 잊기도 했고요. 잠깐이었지만 아이들이 잘 그린다면서, 자기도 만화 캐릭터 하나 그려달라며 호의적으로 다가오는 것도 좋았대요. 쉬는 시간에도, 체육 시간에도, 점심시간에도 A는 틈만 나면 그림을 그렸지요.

고등학교 입학을 앞두고 처음으로 부모님에게 미대를 가고 싶다고 이야기를 꺼냈대요. 아버지는 단칼에 거절했고요.

"돈 많이 들어. 그리고 돈은 드는데 돈을 벌진 못하잖아. 그게 제대로 된 직업이냐?"

"그러면 저 대학 안 갈래요."

"너, 대학 맡겨놨냐? 누가 보내준다고 하디?"

그 말이 농담이나 홧김에 한 말이 아니라 진심이라는 걸 알게 된 순간, A는 아버지에 대한 일말의 애정이 사라졌대요. 전교

꼴등도 대학을 가는 시대에, 반에서 3~4등이던 A만 대학을 못가는 위기에 처한 거예요. 아버지는 정말로 등록금을 지원할 생각이 없었거든요.

은행원 시절의 호기롭고 쾌활했던, 캠코더와 르망 자동차도 누구보다 빠르게 샀던 멋쟁이 아버지는 낙향 이후 완전히 변해버렸죠. 단 한 푼도 쓰지 않는 지독한 구두쇠로요.

IMF 외환위기 이전까지 한국 사회에서는 '은행은 절대로 망하지 않는다'는 말이 있었다고 하더라고요. 그 철옹성 같던 은행이 산산이 무너지는 것을 서른세 살이라는 젊은 나이에 목격해서였을까요? 한 푼도, 정말 단 한 푼도 안 쓰는 사람이 됐다는 거예요. 아마도 언제 다시 망할지 모른다는 극도의 두려움 때문이었겠지요.

블루베리가 아무리 호황이어도 번 돈으로 은행 저금도, 주식도 안 하고 오로지 땅만 사들였대요. 그리고 땅값이 수 배로 올라도 가족들 옷 한 벌 절대 사주지 않고, 무조건 다시 땅만 사들이는 날들이 십수 년째 반복된 거죠. 주변에서는 나날이 번창하는 부농이라고, A 엄마 제일 시집 잘 왔다며 농담을 건네지만 막상 어머니 지갑에는 현금이 하나도 없었어요. 하나뿐인 자식인 A는 공부를 그렇게 잘하는데도 대학을 갈 수 없었고요.

엄청나게 하향지원해서 전액장학금을 받고 근처 대학에 입학한 A가 어느덧 졸업반이 되었을 때, 딱 한 번 크게 몸이 아파서

결석하는 바람에 장학금 최소 조건인 학점에 미달되었대요. 아버지께 마지막 한 학기 등록금만 지원해달라며 금방 갚겠다고 말했을 때, 돌아온 한마디는 이거였어요.

"누가 가라고 니 등을 떠밀디? 대학 같지도 않은 거 다니는 주제에."

그날 밤, 스물두 살 A는 집을 뛰쳐나왔어요. 학자금 대출이라는 방법도 있었지만, 그냥 다 지긋지긋했대요. 그렇게 가진 땅이 넘치게 많은데도 사는 건 빈민 같은 일상이 미쳐버릴 것 같았다고요. '아마도 제정신을 가진 보통의 부모 밑에서 자랐더라면 나도 꿈 많은 홍대 미대생으로 살지 않았을까?'라고 상상하며 밤마다 우는 것도 지긋지긋했대요. 그래서 무작정 서울로 와버렸대요. 홍대 근처에서라도 살아보고 싶었다면서요.

그게 벌써 2년째였지요. 그 세월 내내 A는 아무와도 소통하지 않았다고 했어요. 어머니가 크게 상심하고 술에 의지한다는 소식을 건너 건너 들었을 때 '나는 서울로 도망쳤지만, 엄마는 그럴 수도 없어서 결국 술로 도망쳤구나' 하는 안타까움이 든 것도 잠시. 엄마를 구하러 다시 내려갈 엄두는 나지 않더래요.

그렇게 도망치듯 올라온 서울에는 정 붙일 사람이 한 명도 없었다고 해요. 그렇다고 그리운 고향 친구가 있었느냐 하면 그것도 아니었대요. 학창 시절에는 농사를 돕는다는 이유로 친구를 만들 수 없었고, 대학 시절에는 땡전 한 푼 없어서 누구와도 어울릴 수 없었죠. 그런 채로 너무 오랜 시간이 흐른 지금은 어디서 어떻게, 누군가와 관계를 맺어야 할지도 모르겠다며 씁쓸한 표정으로 말하더군요.

그나저나 제가 A의 이야기를 길게 했는데, 이쯤에서 의문을 갖는 분들이 있을 겁니다.

'장재열 작가는 책에 나오는 모두에게 등장시켜도 될지 동의를 얻는다던데, A씨 허락은 받고 자세히 쓰는 건가? 연락이 닿았나? 아니면 그냥 헤어진 연인이라고 막 쓰는 거 아닌가?'

그럴 리가요. 만났습니다. 무려 11년 만에요.

A는 지금 어디서 어떻게 지내고 있을까요? 그리고 저는 SNS도 하지 않는 그 친구와 어떻게 재회하게 된 걸까요?

04.

은둔형 외톨이가 아닌
고립에 대하여

● A와의 재회에 관해 이야기하기 전에, 이 책의 주제인 '사회적 고립'에 대해 이제는 살짝 짚고 넘어가고 싶어요. 단어의 정의나 개념을 설명하기에 앞서서 여러분의 피부에 와 닿았으면 해서 A와의 추억부터 이야기했는데요. 읽으면서 사회적 고립이 어떤 의미인지 조금은 감이 오지 않았나요? 은둔 상태와는 미묘하게 다르다는 것도 말이에요.

은둔Recluse 상태는 방이나 집 등 자신의 생활반경에서 아예 물리적으로 나가지 않는 상태입니다. 반면 고립, 그중에서도 사회적 고립Social isolation은 집 밖으로 나가냐 안 나가냐로 판가름하는 개념이 아닙니다. 사회적 관계가 단절되었느냐 아니냐를 가지

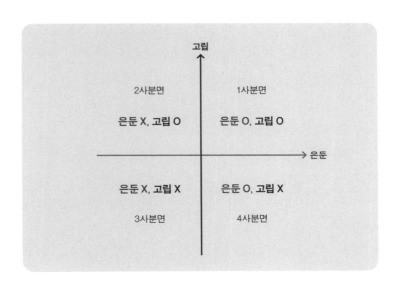

고립

2사분면

은둔 X, 고립 O

1사분면

은둔 O, 고립 O

은둔

은둔 X, 고립 X

3사분면

은둔 O, 고립 X

4사분면

고 판단하는 거지요.

위의 그래프를 한번 볼까요? 우리가 일반적으로 생각하는 고립·은둔은 그래프에서 고립과 은둔을 모두 겪고 있는 1사분면의 사람들을 의미합니다. 일반적으로 고립·은둔이라고 하면 히키코모리, 즉 집밖으로 나오지 않으며 당연히 누구와도 연결되지 않은 사람일 거라고 생각하지만 이는 4분의 1에 해당할 뿐입니다. 저 또한 이 사실을 최근에야 알게 되었죠.

그렇다면 우리에게 낯선 두 가지 유형은 어떤 것일까요? 예를 들어 은둔을 겪고 있음에도 사회적 고립은 아닌 유형의 사람들도 있었습니다. 돌이켜보면 제가 상담으로 만났던 청년들 중에는 방 안에만 틀어박혀 있었지만 그의 안위를 걱정하며 지속적으로 연락하고 다시 세상 밖으로 나오기를 응원하는 친구들이 있는 경우도 있었어요. 이러한 유형은 은둔 상태이지만 사회적 고립은 아닌 상태라는 것을 알 수 있죠.

그렇지만 반대로 은둔은 아니지만 고립을 겪고 있는 사람들은 어떤 유형일까요? 어쩌면 2사분면은 우리 사회의 가장 많은, 그러나 가장 드러나지 않은 사람들일 겁니다. A도 이 유형에 해당됐지요.

A는 주 5일 내내 알바하러 집 밖을 나섰고 사람들 사이에 부대껴서 전철도 매일매일 타고 다녔습니다. 알바하면서 사장님이나 교대하는 분들과 꼭 필요한 최소한의 대화는 무리 없이 하기도 하고, 퇴근길에는 역 근처 떡볶이집도 종종 갔어요.

그래서 상대적으로 '아무런 문제가 없어' 보입니다. 자기 자신도 이것을 문제라고 알아차리지 못하는 경우도 있고, 저처럼 아주 가까이에 있어도 그냥 '내성적인 사람인가 보다'라고 언뜻 지나쳐버릴 수도 있어요. 일상을 살아가는 우리들 사이에 너무 자연스레 섞여 있으니까요.

하지만 이렇게 사회적 고립 상태가 오래 방치되다 보면 어느 날 눈에 띄는 변화가 생깁니다. 적지 않은 확률로 은둔 상태에까지 이르게 되거든요. 사람들과 만나고 교류하는 감각이 점차 상실되면서, 희미하게나마 이어져 있던 끈들도 하나씩 떨어지게 되는 거지요. 본인 스스로가 끊어버리기도 하고요.

A도 그랬어요. 오랜 고립은 그 애를 점차 은둔으로 이끌었고, 그 결과 세상과의 마지막 연결고리였던 저까지 툭 끊어버렸습니다. 어느 날 갑자기 잠수 이별을 한 거지요. 아무 기색도 없이 하루아침에요. 저는 당황과 분노, 걱정스러움까지 온갖 감정이 뒤섞여 머리가 복잡했어요. 홍대까지 몇 번이고 찾아가곤 했지요. 하지만 연락도 받지 않고, 나중에는 없는 번호라고 하고, 현관문을 두드려도 나타나지 않았어요. 그나마 불행 중 다행으로 자취방 앞에 재활용 쓰레기가 계속 나오는 걸 보고 '나쁜 선택을 하지는 않았구나. 뭘 먹고 살고는 있구나.'라며 안심한 게 마지막 기억이었지요.

그 후로 한동안 잊고 살다가 상담가가 된 초창기에 다시금 생각나곤 했습니다. 비슷한 사연을 가진 내담자를 만나면 A의 얼굴이 떠오르곤 했거든요. '지금이라면 도울 수 있었을 텐데. 지금 가진 지식을 그때도 가졌더라면 이런 말이라도 해줬을 텐데.' 싶은 안타까움이 들었지요.

하지만 그 생각도 10년이라는 세월이 지나며 서서히 옅어졌어요. 무려 4만 명이 넘는 내담자를 만났으니까요. 구두쇠 아버지, 알코올 중독 어머니, 가출 같은 사연도 자주 듣게 되면서 서서히 그런 스토리에 익숙해졌고, A의 얼굴은 서서히 희미해져 갔지요. 그렇게 기억 저편으로 넘어가 있던 그 얼굴이 재단 직원과의 미팅 날 불쑥 떠오른 겁니다. 아마도 제가 일주일의 시간을 달라고 했던 이유는 두 자아가 치열하게 싸우기 시작했기 때문일 거예요.

'책을 쓰고 싶어. 그때의 A와 나 같은 사람들에게 지금이라도 도움이 되고 싶어.'

'그런데 너는 가장 가까이 있는 A조차 돌보지 못했잖니?'

'그때는 아주 옛날이었고, 심지어 상담가가 되기도 전이었잖아!'

'지금은 자신 있게 해결책을 낼 수 있어? 너조차도 고립이라는 단어를 듣자마자 은둔부터 떠올렸잖아.'

'그건…'

'어설픈 선의로 덤벼들기엔 너한테 버거운 주제야. 더 뛰어난 식견을 가진 분에게 작가 역할을 넘기는 게 훨씬 사회에 이로운 선택 아니야?'

정말 그런 걸까. 사람들에게 도움이 되고 싶다면 오히려 쓰지 않는 게 맞는 걸까. 고민이 꼬리에 꼬리를 물던 찰나 전화가 걸려왔어요.

"장 작가님, 저 신미경 주임이에요. 내일모레 북토크 리마인드 드리려고요. 몇 시에 오세요?"

"아! 안녕하세요. 제가 표를 아직 안 끊어서요. 끊고 연락드릴
게요."

"네. 종점까지 오시지 말고, 중간에 경유지 있어요. 거기서 내
리시면 빨라요. 이름이…."

"어…? 잠깐만요, 경유지 이름이 뭐라고요?"

익숙한 지명이어서 생각해 보니, 이틀 뒤 북토크를 하는 공공
기관은 A의 고향마을에 있었습니다. 이름이 특이해서 기억에 남
아 있었더라고요.

전화를 끊고 난 뒤 표를 예매하긴 했는데, 내려가는 편도만
결제했어요. 올라오는 표는 끊지 않고요. A를 찾아 나설 생각이
었냐고요? 아니요. 전혀 아니었어요. A가 그 동네에 있을 거라
는 생각 자체를 안 했거든요. 얼마나 힘든 트라우마로 가득한 고
향인지, 제가 누구보다 잘 알잖아요. 그리고 혹시나 만에 하나
거기 산다고 해도 다짜고짜 찾아가서 재회하는 건 아무리 옛 연
인이라지만 무례한 일이라고 생각했어요.

그렇다면 올라오는 차를 예매하지 않은 이유는 뭐냐고요? 그
저 북토크 담당자인 주임님과 차나 한잔하기 위해서였어요. 시
골은 이웃집 사정을 다 훤히 아니까 혹시 간접적으로나마 안부
를 들을 수 있을까 싶었거든요. 블루베리 농장 하는 집은 여전히
농장을 하는지, 그 집은 여전히 어르신들 두 분만 지내는지, 그렇

게 아주 조심스럽게 우회적으로라도요.

이틀 뒤 북토크를 마치고 신 주임과 카페에 앉았어요. 조심스레 운을 뗐지요. 옛 친구 중에 이 동네 출신이 있어서 몇 번 지명을 들어봤다고요. 그녀는 대뜸 이렇게 말하더라고요.

"A 아니에요?"

"네?"

"맞죠? 아니, 지난주에 북토크 포스터 붙인 거 보고 저한테 말하던데. 아는 사이라고."

"A가 여기에 살아요? 내려왔어요?"

"네, 여기서 카페 하는데? 아까 케이터링 해온 거 A네 거예요. 연락 안 하신 지 오래되었나 봐요?"

"네… 한 10년 되어서….."

"아, 진짜요? 제가 카톡 해봐야겠다. 작가님이랑 차 마신다고."

잠시 후 아무 사정을 모르는 신 주임은 명랑하게 말하더군요.

"괜찮으시면, 오셔서 커피 한잔 하시라는데요?"

고립은
누구에게나 찾아오는 '상태'다

●   A네 카페에 세 사람이 모여 앉았습니다. 명랑 소녀 신 주임은 "내 친구랑 내가 좋아하는 작가님이 친구 사이였다니. 그럼 나도 이제 친구?"라며 무척 신이 나 있었고, A는 살짝 머쓱한 듯 웃어보였습니다. 저는 예상치 못한 상황에 어안이 벙벙했지요. 한참이나 정적이 흐르자 그제야 눈치를 챈 신 주임이 자리에서 일어날 채비를 했습니다.

"옴마, 내 정신 좀 봐. 오랜만에 만나셨으니까 두 분이서 이야기하시게요."

"어, 그래. 고마워. 잘 가."

단호한 말투의 A, 예전과 무척 달라져 있었습니다. 당당하고 솔직해져 있었어요. 무엇보다 카톡을 하는 친구가 있다는 게 무척 신기했어요. 저는 물어볼 말이 너무 많아서 아무 말도 할 수 없었어요. A가 먼저 운을 뗐지요.

"북토크 가고 싶었는데, 가게 비우기가 뭐해서. 내가 지은 죄가 있으니까 찔리기도 하고."

"아니, 뭐. 옛날 일인데. 그리고 이제는 직업이 직업인지라 그때 심리도 이해하지."

"그러게. 진짜 신기하더라. 인생이 어떻게 그렇게 흘러가냐. 글 잘 쓰데? 미대 나왔었잖아."

"어, 뭐 한 치 앞을 모르는 게 인생이기는 하니까. 너는 언제 내려왔어?"

A는 5년 전, 아버지가 돌아가신 후 유산을 정리해야 해서 내려왔다가 어머니의 상태가 너무 눈에 밟혀서 그대로 눌러앉았다고 해요. 돈 아끼다 자식을 잃고도 정신을 못 차린 채 알코올 중독 아내를 병원에 보내지 않았던 아버지와는 끝내 화해하지 못했지만, 이제 원망은 하지 않는대요. 그저 딱할 뿐이라고요.

다만 아버지 유산으로 카페를 차리기는 싫어서 악착같이 돈을 모았대요. 다른 농장 일도 돕고, 시내의 대형 카페에서 매니저도 하면서요.

처음에는 자존심 때문에 젊은 날을 알바로 다 날려버리나 싶었지만, 돌이켜보면 A에게는 그 몇 년이 끊어졌던 모든 것과 다시 연결되는 재부팅 같은 시간이었대요. 비록 어머니의 정신이 온전히 돌아오시진 못했지만 이렇게 살가웠던 적이 없고, 데면데면하던 친구들도 이젠 몇 남지 않아서 동지의식이 생겼다네요. 여기저기 동네일을 도와드리면서 등지고 떠나왔던 고향 그 자체와도 다시 연결되는 감각을 느꼈고요. 그렇게 회복되고 여유를 찾아가는 시간 속에서 A는 우연히 저를 다시 떠올리게 됐대요.

"내가 DM 보냈었는데, 못 봤나 봐?"

"DM? 너 인스타그램까지 하니? 와… 생각도 못했네. 뭐라고 보냈어?"

"그냥 사과 겸 감사 메시지? 몇 년 전에 카페 일 하면서 라디오를 켜놨는데 네가 게스트로 나오더라? 첨에 동명이인인 줄 알았어. 근데 너 맞더라고. 너무 신기해서 집중해서 들었지. 그날 주제가 연애였는데 네가 나이 들수록 사람에게 마음을 쉽게 주지 못하게 되는 것 같다는 얘기를 진행자랑 하는 거야. 나 때문일까 싶어서 움찔하더라고. 그래서 보냈었지. 잠수 이별해서 정말 미안했고, 그래도 유일하게 너라도 있어서 서울살이 적응했었던 거라고. 네 잘못 하나도 없고 오히려 내가 빚을 졌다고."

무언가 가슴의 응어리 하나가 훅 내려간 것 같은 기분이었어요. 늘 A에게 도움 되지 못했던 것 같고 마지막 연결고리였던 나까지 떨어져 나간 것 같아 마음이 짠했는데, 당사자는 전혀 그렇게 생각하지 않았어요. 그 말을 듣고서야 마음이 편안해진 채로 지난 10년의 회포를 풀었지요.

A도 궁금한 게 참 많았나 보더라고요. 어떻게 평범한 직장인이던 제가 방송에 불쑥 나왔는지, 책은 또 어떻게 쓰게 된 건지, 글을 써서 출판사에 찾아다니다가 거절당하기도 했었는지, 걱정 많고 불안 많은 장재열이가 안정적인 직장을 제 발로 나올 배짱은 없었을 텐데 무슨 일이 있었나 싶었다면서요.

가게 셔터도 내리고 맥주도 몇 캔 까면서 그렇게 한참 지난 세월을 이야기하다가 이번에 제안받은 책을 쓸지 말지 고민 중이라는 이야기로까지 흘렀어요.

"써. 네가 딱이지. 왠 줄 알아? 네 책 몇 권 읽어봤는데 어려운 개념을 쉬운 말로 풀어서 설명 잘하더라. 네가 원래 비유 같은 거 잘했잖아. 이번 책같이 생소한 주제의 책일수록 너 같은 작가가 좀 필요하지 않을까?"

"그런가. 그런데 무슨 말을 어떻게 시작해야 할지 감도 안 오고… 의욕은 앞서는데…"

"그래? 괜찮으면 내 이야기로 시작해. 딱 나잖아. 은둔은 아닌데 고립이었던 사람. 찰떡이지."

"진짜 써도 된다고?"

"응. 엄마한테 부모님 얘기 써도 되는지만 물어볼게. 근데 그러면 나도 인세 좀 떼주나?"

킬킬거리며 웃는 A를 보며 어안이 벙벙했습니다. 이렇게 쿨하고 넉살이 좋은 사람이었다니. A는 어떤 계기로 이렇게나 달라진 걸까요?

"너 진짜 달라졌다."

"음, 아니. 달라졌다기보다는 원래의 내 모습으로 돌아온 것 같아."

"이게 너야?"

"응. 나는 그렇다고 생각해."

"그럼 나랑 만나던 때의 너는?"

"음… 그것도 나긴 하지. 그리고 그때는 그 모습만이 나인 줄 알았지. 그런데 지나고 나서 생각해보니까 누구나 인생에서 한 번쯤 동굴에 들어가는 때가 오잖아. 그럴 땐 누구나 무기력하고 어둡고 그게 내 성격인 것만 같지. 왠지 평생 그렇게 살 것만 같고. 근데 '그럴 것 같은 거'랑 '진짜 그런 거'랑은 다른 거 알지? 그게 영원한 것도 아니고 내 본성도 아니더라고. 그때의 '상태'였던 것뿐이지."

사람을 만나면 움찔거리고, 사적인 대화를 최대한 하지 않으려 했던 A. 제 친구들을 소개해주려고 했던 때마다 이런저런 핑계로 약속을 취소하고, 우연히 제 동생을 마주치기라고 하는 날에는 완전히 입을 닫고 있었던 그 모습만 기억했던 저에게 그날의 A는 완전히 다른 사람이었습니다. 이렇게나 달라진 A라면 지금 내 고민을 털어놓을 수도 있겠다는 생각이 들었어요.

"너, 나 도와주는 김에 하나만 더 도와주라."

"뭐?"

"네가 만약 이 책을 쓴다면 딱 한 줄의 핵심 메시지는 무엇이어야 한다고 생각해?"

잠깐이라도 고민할 줄 알았는데, A는 너무 쉬운 질문이라는 듯 말했어요.

"고립은 누구에게나 찾아오는 '상태'라는 거."

"상태?"

"어, 그렇잖아. 나는 고립이라는 게 엄청 한심하고 특수한 애들만 겪는 무슨 이상한 병 같은 게 아니라고 생각하거든? 그런데 사람들은 손가락질한단 말이야. 엄청 특수한 애 취급을 하고. 몰라, 나는 전문가가 아니라서 방에서 아예 안 나오는 그 친구들은 어떤지 모르겠지만. 사회적 고립이라는 건 연락을 다 끊거나 다 끊겼거나 그런 거잖아. 사실 그런 관점에서 보면, 인생에서 진짜 큰 쓰나미가 오면 누구나 한 번쯤 겪을 수 있는 거 아닐까? 돈이 많든 적든 젊든 늙었든 상관없이 말이야. 왜 인생에서 동굴로 들어가버리게 되는 때가 있잖아. 그게 고립이지, 뭐. 너도 그런 시기가 있었을 거고. 안 그래?"

06.

철저히 혼자가 되기로 선택한
사람들에 대한 오해

● A를 만나고 서울로 돌아가기 전, 재단에 전화를 걸었습니다. 집필을 수락하는 전화를요. 일주일만 시간을 달라던 제가 나흘 만에 확답을 드리니 다들 반가우면서도 궁금했던 모양이었어요. 그간의 이야기를 다 말했지요. A가 생각났던 것 그리고 실제로 A를 만나 나누었던 이야기까지 전부 다요.

"'고립은 보편적 상태'라는 A의 말을 듣고, 핵심을 관통하는 탁월한 표현이라는 생각이 들더라고요. 저도 어렴풋이 머리로만 생각하던 게 정리가 됐달까. 글을 쓸 수 있겠다는 생각이 들었어요. 다만 이게 재단에서 생각하시는 방향과 맞는지 확인이 필요해서요."

수연 님은 반가운 기색으로 답했습니다.

"작가님, 저희 확인이랄 게 있나요. 그게 핵심인데요. 어머, 그 A분께 저희가 너무 감사드려야겠다. 진짜 딱 핵심을 말씀하셨네요. 네이버 댓글 보면 다들 특정 대상화해서 엄청나게 비난하잖아요. 그런 오해를 풀 수 있으니 더할 나위 없이 좋죠."

"네, 알겠습니다. 그럼 서울에서 만나요."

전화를 끊고 올라가는 버스 안, 포털 사이트에 '사회적 고립'이라고 검색한 뒤 기사들을 찾아 댓글을 하나하나 읽기 시작했습니다. 언제나처럼 고립과 관련된 기사를 보면 당연하다는듯 '잘못된 대상화'가 이루어지고, 거기에 비난의 화살을 죽일 듯이 쏟아붓는 사람들이 있었습니다.

어떤 댓글이 주로 달리는지 예상되나요? 솔직히는요. 대부분의 기사엔 댓글 0개, 무플이에요. 이 주제 자체에 관심이 별로 없는 거죠. 왜냐고요? 고립을 '히키코모리'로 착각하는 순간, 내 일 아니라고 선이 딱 그어지니까. 내 인생이나 주변 사람의 인생에서는 생길 일이 아니라고 생각하니까요.

그렇게 '내 인생에는 절대 없을' 생판 남의 일이라고 생각해서일까요? 댓글이 달리는 기사에는 정말 무섭게 그런 댓글만 달려요. 제일 전형적인 댓글은 이런 것들이지요.

부모 등골 빼먹는 놈들 배때기가 불러서 그렇다.

한 일주일만 굶기면 노가다라도 하러 기어 나올 텐데.

화장실도 아예 못 가게 문을 잠가봐라. 똥오줌 마려운데 안 나오고 버티나.

이 댓글을 쓴 사람들은 마치 본인이 경제 성장기에 나라를 일으킨 역군으로서 나태한 캥거루족 젊은이에게 단호한 일침을 남기고 있다고 생각하겠지만, 사실은 굉장히 많은 인식의 오류를 품고 있습니다.

아주 대표적으로 세 가지 정도의 오류를 범하고 있지요. 첫째, 앞서 여러 번 말한 인식의 오류입니다. 고립이라는 단어를 듣자마자 '방 안에 틀어박힌 상태'인 은둔으로 오해하고 있고요. 둘째, 고립된 사람들의 연령대가 대부분 청년에 머물러 있다고 생각하는 오류입니다. 셋째, 경제적 지원을 끊으면 집에서 나온다고 생각하는 점입니다. 심지어 부모가 잘못 키워서 그렇게 된 거라고 말하는 분들도 참 많아요.

하나하나 오해를 풀어볼까요? 우선 백과사전에서 사회적 고립을 어떻게 정의하는지부터 살펴보면 좋을 것 같아요.

사회적 고립은 개인과 사회의 접촉이 거의 혹은 완전히 없는 상태이다. 외로움^{loneliness}과는 다른데, 외로움은 일시적이며 다른 사람과의 접촉이 단절된 것이 자발적이지 않다. 사회적 고립은 연령대마다 증상은 다르지만 어느 연령대에서든 나타날 수 있는 문제이다. 주로 대인관계를 맺을 돈이 없고 경제적 어려움을 겪는 독거노인에게 나타나지만 청년세대의 빈곤도 늘어남에 따라 점점 세대 간 고립 비율 격차가 줄어들고 있다.

일단 물리적으로 은둔하는 상태만을 말하지 않는다는 것은 이미 여러 번 언급했으니 넘어갈게요. 우리가 주목해야 할 부분은 '어느 연령대에서도 나타날 수 있다'는 것과 '대인관계를 맺을 돈이 없는 경우에도 나타날 수 있다'는 겁니다. 즉, 물질의 고갈은 사회적 고립을 해소시키는 것이 아니라 오히려 심화시킬 수 있다는 거죠.

그리고 마지막으로 주목해야 할 것은 '외로움과는 다른 개념'이라는 거예요. 외로움은 비자발적이지만, 고립은 자발적이라는 거예요. 무슨 말이냐고요? 사람이 다가와도 피하는 건 이상하지 않냐고요? 그런 느낌으로 이해한다면 조금 의아할 수 있겠지만 앞서 A가 언급했던 '동굴로 들어가는 시기'라는 표현으로 바꾸어서 생각해보세요.

여러분에게 혹은 주변 사람에게 한 번쯤은 그런 시기가 있지 않았나요? 물론 저에게도 있었고요. 그런 시기에는 주변에 어떤 사람들이 있었고 어떤 말을 건네며 어떤 환경에 처해 있었느

냐에 따라 동굴 깊숙이 더 들어가기도 하고, 잠깐의 연락 두절을 지나 다시 일상으로 걸어 나오기도 합니다.

하지만 문제는 점점 더 많은 사람들이 후자보다는 전자의 상황에 놓인다는 거예요. 사회적 고립을 겪는 사람은 얼마나 될까요? 통계개발원이 발표한 〈국민 삶의 질 2023〉 보고서에 따르면, 국민의 사회적 고립도는 33퍼센트라고 합니다. 19세 이상 국민 10명 중 3명이 넘는 사람들이 자신이 사회적으로 고립되었다고 느끼는 겁니다.

조금 더 구체적으로 이야기하자면, 몸이 아픈데도 간단한 집안일조차 부탁할 사람이 없는 사람이 약 1,100만 명 정도 되고요. 마음이 우울하거나 힘들 때 이야기 나눌 상대가 없는 사람이 860만 명 정도라고 해요. 몸이 너무 아프거나 마음이 힘겨워도 "나 좀 도와줘."라고 말을 건넬 수가 없는, 말 그대로 혼자의 상태이지요.

이토록 많은 사람들이 점점 더 동굴로 들어가는 이유는 무엇일까요? 우리가 스스로 걸어 들어가는 걸까요? 아니면 세상이 우리가 동굴로 걸어 들어갈 수밖에 없게 만드는 걸까요? 잠깐 멈추어서 함께 생각해볼까요?

지금의 어두움이 평생 가시지 않을 것만 같을 때
사는 게 지치고 피곤해
누군가에게 말할 힘조차 남아있지 않을 때

그렇게 인생에서 피할 수 없는
쓰나미를 맞닥뜨릴 때가 있습니다 。

당신의 인생에도
그 쓰나미를 피해
동굴로 들어갔던

혹은

들어가고 싶었던
순간이 있었나요?

07.

혼자가 되기로 선택할 수밖에 없는
네 가지 이유

● 　　　　　상담가라는 직업은 어찌 보면 주로 동굴 속에
머물고 있는 사람들을 만나는 일이 아닐까 싶습니다. 누구와도
교류하지 않은 채 홀로 바닥에 납작 엎드려서 쓰나미가 지나가기
를 기다리고 있는 사람들 곁에서 같이 엎드려 있는 일이라는 생
각도 해요.

　하지만 생의 쓰나미가 왔다가 지나가는 기간은 사람마다 천
차만별이더라고요. 짧게는 몇 주, 길게는 몇 년까지 가기도 해요.
동굴로 향하게 된 사연들은 더 제각각이지요. 가족, 돈, 사별, 해
고, 가스라이팅, 번아웃, 미취업, 폭력, 질병, 범죄 피해까지. 다
헤아릴 수도 없이 다양합니다.

이렇게 고립의 기간이나 사연들은 무척 다르지만 고립이 시작되는 양상은 다들 비슷해요. 크게는 네 가지로 압축되곤 합니다.

첫 번째, 누군가와 교류할 힘 자체가 없어진 경우예요. 번아웃이나 우울증 등 심리적 문제로 인해 에너지가 완전 고갈 상태에 이르러서 도움을 청할 힘이 없거나 누군가가 도움의 손길을 내밀어도 그 손을 잡을 힘조차 남아있지 않은 경우입니다.

신체적으로 비유하자면, 너무 오래 공복이 지속되면서 몸에 조금의 힘조차 들어가지 않는 상태라고 할 수 있겠네요. 119에 전화해서 도와달라고 말하고 싶어도 전화기를 들고 번호를 누를 힘도 없는 상태랄까요. 대부분의 사람들은 이 케이스를 두고, 의지로 극복하라고 비판하곤 합니다. 하지만 이 케이스는 네 가지 중에 하나, 4분의 1일뿐입니다.

그렇다면 두 번째는 뭘까요? '사회적으로 교류를 할 수 없는 환경에 처했을 때'입니다. 이 경우 심리적인 문제가 없더라도 고립으로 자연스레 흘러갈 수 있어요. 아주 대표적으로는 코로나19가 있겠습니다. 소득 수준이나 학력 수준, 나이와 성별에 관계없이 누구나 서로를 만날 수 없는 경험을 하게 됐지요. 이 시기에 고립 상태가 시작되어, 엔데믹 이후로도 다시 돌아오지 못한 분들이 적지 않아요.

통계청에서 2021년 발표했던 〈코로나19 전후 사회적 고립과 주관적 웰빙〉 보고서에는 이런 조사 결과가 언급되었습니다.

코로나19 이후 경제적, 도구적, 정서적 사회적 지지를 받을 수 있다는 비율은 각각 모두 감소하였을 뿐만 아니라, 세 가지 도움이 모두 없다고 응답한 극단적 주관적 고립 상태의 인구도 증가하였다.

그리고 20대에서 증가 폭이 가장 컸지만, '아무도 나를 잘 알지 못한다'는 고립감의 증가 폭은 50대 남성이 가장 높았다고도 말합니다. 젊은 애들이 유약해서 일어나는 문제만은 아니라는 겁니다.

이런 환경 변화는 비단 코로나19 때문만은 아니에요. 갑자기 생각지도 못한 지역으로 회사 발령을 받은 경우, 배우자가 해외 주재원으로 파견을 가게 되어 그 나라에 따라가야만 하는 경우, 나고 자란 지역을 떠나 타지로 대학을 진학하게 되는 경우 등 개인의 생애주기에서 언제든 찾아올 수 있는 일이기도 해요.

세 번째와 네 번째는 비슷한 듯 정반대의 케이스인데요. 주변에 사람은 있지만, 말해도 지지받을 수 없다는 판단이 든 경우입니다. 근데 왜 비슷한 듯 반대인지는 하나씩 살펴볼게요.

세 번째는 본인이 겪고 있는 문제가 아주 특수한 경우라서 주변의 그 누구도 공감하거나 도움을 주기 어려운 경우입니다. 주변 사람이 모두 회사원인데 나 혼자 프리랜서라거나, 또래보다 너무 빨리 결혼을 해서, 또는 너무 빨리 사별을 해서 아무와도 그 경험을 충분히 공유할 수 없는 경우에 해당하지요. 방송, 연예계 종사자들도 이런 케이스에 많이 해당합니다. 어렵사리 고민을 꺼냈지만 "아… 너무 힘들겠다. 어떡해. 근데 내가 어떻게 도와줘야 할지 모르겠어. 미안."이라는 말만 반복적으로 듣게 되는 거지요.

이 경우 내가 계속 사람들과 소통해도 답은 나오지 않는데, 그저 상대방에게 나의 막막함을 전염시키는 것 같다는 미안함과 죄책감이 들어서 점차 입을 닫고 혼자 해결하려고 하게 되지요. 저는 최근에 이 케이스를 겪은 적이 있는데요. 뒤에서 자세히 한번 이야기해볼게요.

반대로 독자 여러분들이 더 많이 공감하는 케이스는 네 번째일 거라 생각됩니다. 꽤 많은 사람이 겪는 보편적 문제라서 오히려 공감을 받기보다는 감정이나 고통이 폄하되는 경우입니다. "그게 뭐 대수냐."라던가 "나도 비슷한데, 내가 더 힘들다."라는 불행 배틀을 접하게 되는 경우지요.

이 경우 '그 정도로 힘들어할 일이 아닌데, 내가 너무 나약한 건가? 괜히 말했나?'라는 자책감에 점차 입을 닫으면서, 적절한 도움을 받을 수 있는 골든타임을 놓치게 되는 경우가 많아요.

네 가지 케이스 중 하나 정도는 공감되는 경험이 있지 않나요? 대부분 살아가면서 한 번쯤은 이런 순간이 옵니다. 자의든 타의든 입을 닫고, 귀를 막고, 혼자를 선택하는 순간 말이에요. 그 동굴행을 선택했던 순간을 떠올려보세요. 그게 최선의 선택이라거나 내가 고립을 즐기는 사회성 없는 사람이라서였나요?

대부분은 그렇지 않습니다. 감당하기 힘든 인생의 쓰나미 앞에서 어떻게든 나 자신을 보호해보려는 최후의 선택인 경우가 많습니다. 어떤 방법을 써도, 어떻게 부딪혀봐도 답이 나오지 않으면 에너지를 최소한으로 아끼고 동면하듯 웅크린 채로 이 겨울이 지나가기만을 기다리는 것에 가깝다고나 할까요? 그렇기에 누구도 동굴로 향하면서 '여기가 좋아. 난 영원히 여기에 있을 거야.'라고 생각하지 않습니다. 머지않은 미래에, 생의 봄철이 오면서 자연히 다시 벗어나기를 희망하지요.

다만 그 인생의 혹한기가 생각지 못하게 길어질 수도 있습니다. 그러다 보면 일시적인 동면이 아니라 만성적인 고립으로 서서히, 아주 천천히 흘러가게 되지요. 자신도 인지하지 못한 채로요.

여러분은 어떠세요? 지금 나는 얼마나 사회적으로 연결되어 있는지 한번 점검해볼까요?

□ 최근 10년 이내에 나는 실패나 상실을 2회 이상 경험하였다.

□ 1주일에 1회 이상은 필름이 끊길 정로도 혼술을 한다.

□ 하루 평균 한 끼를 먹거나 안 먹는 경우도 있다.

□ 출퇴근과 등하교를 제외한 외출은 1주일에 1회 이하이다.

□ 지난 1주일간 직접 만나거나 전화로 사적인 대화를 나눈 사람은 1명 이하이다.

□ 내가 아주 급할 때 돈을 빌려줄 사람이 딱히 없다.

□ 내가 몸이 아플 때 케어해줄 사람이 딱히 없다.

□ 내가 심리적으로 울적할 때 이야기를 들어줄 사람이 딱히 없다.

□ 10년간 이사를 10회 이상 했거나 거주지가 일정하지 않다.

□ 돌봄이나 치료를 받다가 낫지 않았는데 중단한 경험이 있다.

해당되는 문항에 체크해서 합산해보세요. 3개 이하라면 크게 신경 쓰지 않아도 좋지만, 4~6개부터는 주의가 필요하고, 7개 이상이면 고립 상황으로 이어질 확률이 상당히 높다고 볼 수 있어요.

내가 지금 우울감이나 고립감을 딱히 느끼고 있지 않더라도 나의 일상이나 주변 상황을 한번쯤 살펴볼 필요가 있습니다. 신체적 건강, 정신적 건강이 충분하더라도 사회적 건강이 조금씩 위기를 맞고 있는 경우일 수 있기 때문이에요.

그나저나 신체적 건강, 정신적 건강은 알겠는데 '사회적 건강'은 조금 낯설 수도 있을 텐데요. 세계보건기구WHO에서는 '건강'에 대해 이렇게 명시했어요.

건강이란 단지 질병이 없거나 허약하지 않은 상태를 의미하는 것이 아니라 신체적, 정신적, 사회적으로 온전히 안녕한 상태를 말한다.

'신체적으로 멀쩡하고 정신적으로 우울하지 않으면 그럭저럭 괜찮은 상태 아닌가? 사회적으로 건강하지 않은 상태란 뭐지?'라고 생각할 수 있습니다.

사회적 건강은 타인과의 관계, 사회적 지지(응원과 실질적 도움), 소속감 등이 얼마나 갖추어진 상태인가를 말해요. 몸이 건강하고 정신적으로 큰 무리가 없는 상황에서도 이 사회적 건강이 제로에 수렴하면 서서히 나머지 두 건강도 나빠질 수 있고요. '아니? 나는 혼자 사는 게 아주 익숙해서 아무렇지도 않은걸?'이라고 생각할 수도 있지만, 지금 상황이 언제까지나 그대로 이어진다는 보장이 없지요.

조금 다른 비유입니다만, 예전에 일본에 그런 경우가 많았어요. 고정적인 일자리 대신 아르바이트만 하면서 사는 프리터족 말이죠. 관련 도서가 베스트셀러가 되기도 했었는데요. 한 달에 5만 엔(약 50만 원) 정도 벌어서 밥이랑 콩자반, 된장국으로만 삼시 세끼를 먹으며 최소한의 것을 소유하며 산다는 내용이었어요. 여름에는 얼린 페트병, 겨울에는 뜨거운 물을 끓여 넣은 페트병을 끌어안고 잠에 들고요. 교통비는 0엔, 하루 대부분의 시간을 공립도서관에 가서 책을 읽는 사람이었지요. 이대로도 충분하고 행복하다고 말했으며, 물론 그 행복은 진실이었을 겁니다.

하지만 많은 독자가 작가를 걱정했던 지점은 '누구도 영원히 건강할 순 없는데. 저 사람 병이라도 걸려서 큰돈 나가기 시작하면 어떻게 하는 거지?'였어요. 큰돈 없이 사는 게 당장은 가능하지만 삶에서 아주 작은 변화만 생겨도 큰 위기가 될 수 있습니다.

마찬가지로 아무 관계를 맺지 않고 사는 것 또한 지금의 일상을 유지하는 것까지는 가능하지만, 거기서 조금만 더 위기 상황이 생기면 다른 사람들보다 훨씬 크게 휘청거릴 수 있습니다. 다른 사람은 딱딱한 보도블록을 걷는데, 나는 얼음판 위를 걷는 느낌이랄까요? 그냥 보기엔 걷는 동작 자체가 비슷해보여도 내 두 발로 딛고 설 수 있는 지지 기반의 두께 자체가 다르니까 그 위험성도 다를 수밖에 없습니다. 몇 년 전의 저처럼요.

누구에게나 그런 순간이 올 수 있습니다。

인생의 혹한기。

수없이 애써봐도 상황이 달라지지 않을 때
최후의 선택으로 귀도 입도 눈도 닫고
혼자 웅크리는 순간 말이에요。

08.

가장 빛나 보이는 순간에도
고립은 찾아온다

●

"클럽장님, 왜 제 게시물에만 댓글이 안 달릴까요?"

"작가님, 사실… 클럽원분들이 작가님 고민에 어떻게 위로를 해야 할지 난감해하는 것 같아요."

"왜요?"

"음… 너무 다른 세계에 사는 분 같이 느껴지나 봐요. 워낙 특수한 상황이니까…."

30대 끝자락, 매일 밤 혼자 방 한편에서 울어야 했던 2021년 겨울에 저는 익명의 고민 상담 품앗이 클럽에 가입했어요. 직업 도, 이름도, 다 비밀로 한 채 앱 게시판에 자신의 이야기를 쓰면

클럽원들이 묻지도 따지지도 않고 서로 위로해주는 그런 모임이었어요.

상담가인 제게도 위로가 필요했거든요. 하지만 누군가에게 털어놓으려 만날 약속을 잡기도 힘들 정도로 연속으로 사건 사고가 펑펑 터지던 때였지요. 유명 밴드 '옥상 달빛'의 노래 가사처럼 진짜 힘든 일은 꼭 한번에 일어나잖아요. 하나하나 열거하기도 힘들 만큼요. 친구들을 만나 하소연할 수도 없을 많은 일들 속에 파묻혀 있다가 생각한 것이 그 앱이었어요.

사실 주변에 고민을 말하면 "나는 너처럼 상담가이거나 그런 지식이 있는 게 아니라서 내 조언이 도움이 될지 모르겠지만…" 이라는 말로 운을 떼는 친구들이 많았어요. 그냥 우린 친구 사이일 뿐인데, 요리사에게 요리 조언을 하는 것처럼 느껴지나 보더라고요.

그래도 앱에서는 얼굴을 드러내지 않는 익명성 덕분에 아주 솔직하게 글을 쓸 수 있었고, 전혀 모르는 사람이기에 오히려 서로 응원과 용기의 댓글을 마음 편히 남길 수 있을 거라고 생각했어요. 하지만 이혼, 이별, 퇴사 같은 고민 속에서 제 고민은 너무 드라마 같았나 봐요. 사람들이 분명 읽고는 있는데 아무도 뭐라 말하지 못했어요.

다시금 앱에 들어가 제 글을 읽어봤죠. '그래. 대학생, 직장인, 주부가 대부분인 클럽원분들이 내 글을 보고 리플리 증후군이라고 생각하지 않는 것만 해도 천만다행이지' 싶더라고요. 동시에 너무 많은 일이 일어나는 게 마치 아침드라마 같았거든요.

그때 제가 겪고 있던 가장 사소한(?) 문제로는 한 일간지에 연재하고 있던 칼럼을 대기업 콘텐츠팀에서 표절해서 엄청난 조회수를 기록하며 히트했던 거였어요. 제가 엄연히 피해자인데도 너무나 힘든 법적 공방을 이어가야 했지요. 기업 법무팀과 개인과의 싸움이기 때문에 피해를 본 제가 도리어 협박받아야 하는 상황이 일어나기도 했고요. 그런데 그 정도는 문제도 아니었어요. 훨씬 더 당혹스러운 일이 많았거든요.

어느 날은 갑자기 한 언론사 취재팀이 저희 집으로 찾아오겠다고 메일을 보냈어요. 왜냐고 물었더니, 제보를 받았대요. 장재열 상담가가 한 유력 정치인의 최측근이라고요. 저는 헛웃음을 지으며 되물었죠.

"어떤 분이요… 누구요?"

웃음만 나왔어요. 심지어 그 정치인은 딱히 아는 사람도 아니었어요. 애당초 제가 정치인이랑 친하게 지낼 만큼 사회 지도층도 아니지만요.

'와… 나한테 이런 일이 생긴다고? 정치면에 내가 실린다고? 문화면이 아니라?'

황당함을 감출 수 없었죠. 그래서 물어봤어요.

"아니, 제가 그분… 측근으로 지목된 이유가 뭐예요?"

"나이도 어리고, 심리학자나 정신건강의학과 의사도 아니신데, 그간 굵직굵직한 업계 커리어를 많이 쌓으셨더라고요? 공공 프로젝트 디렉터도 많이 맡으셨고요."

"아니. 저한테 섭외가 들어왔으니까요."

"그 이유가 뭐냐는 거죠. 저희가 장재열 씨에게 큰 역할을 맡긴 공공기관에 물어보면 다 청년 정신건강 분야에서 통찰과 전문성이 있으셔서라는데, 그건 너무 주관적인 답이잖아요. 그리고 어떻게 다들 짜맞춘 듯이 똑같은 답변을 하시죠?"

"그래서… 제가 정치인 낙하산이라서 그런 거다…? 허…."

말문이 턱 막히더라고요. 내일까지 자신들이 납득할 수 있는 답변 메일을 보내지 않으면 저희 집으로 찾아온다더군요. 지난 세월, 방송 출연했던 순간들이 스쳐 지나갔어요. '좋은 일을 하는 청년'이라고 과할 정도로 선량하게 비친 적은 있었어도 사회악처럼 다루어지는 건, 게다가 정치인과의 커넥션이라니…. 처음으로 제 선택을 후회했어요. '세상에 나 같은 사람이 조금은 줄어들었으면'이라는 마음으로 결심했던 2013년의 선택을요.

평범한 대기업 직장인이던 당시의 저는 '마음건강', '상담'이라는 단어와는 거리가 먼 삶을 살고 있었어요. 하지만 제 삶에 불현듯 번아웃과 우울증, 공황장애가 찾아온 후 인생은 무척 달라져버렸지요. '나만 너무 나약한가? 왜 입사 동기 중에 나만 이러지?'라는 자책과 자학이 깊어지고, 그 마음을 어떻게 돌보아야 하는지 알지 못했던 저는 결국 퇴사 후 치료에만 전념하게 되었어요.

담당 상담 선생님의 권유로 상담과 동시에 네이버 블로그를 하나 개설해서 글쓰기 치료를 병행하게 되었지요. 정신질환을 누구에게도 말할 수 없다는 불안, 가족들을 실망시킬까 걱정되어 내 상태를 숨기는 마음, 다시 취업할 수 없을까 두려웠던 감정, 나만 나약한 것 같아 자책하는 순간 등. 블로그에 담긴 저의 솔직한 글들이 당시 2030세대에게 큰 공감을 얻으면서 수많은 출판사에서 출간 제안이 왔고, 당시 무직의 우울증 환자였던 저는 치료비라도 벌고 싶은 마음에 그 제안을 수락했지요. 엉겁결에 작가가 된 겁니다. 하지만 이미 4만 명 넘는 청년들이 제 포스팅을 보고 있었던 덕분에 책은 베스트셀러가 될 수 있었어요.

수많은 청년들이 편지를 보내왔습니다. 나도 사실은 똑같은 마음으로 하루하루 살아가고 있다고요. '나와 똑 닮은' 그 또래 청년들과 우리끼리라도 서로 안전한 존재가 되어주자는 마음으로 자조 모임을 시작한 것이 상담가로 들어서게 된 계기이자 10년간 대표를 맡았던 상담 NGO '청춘상담소 좀놀아본언니들'의 시작이었지요.

저는 정치인의 키즈가 아니라 굳이 따지자면 인플루언서 또는 파워블로거에 가까운 사람이었습니다. 돈을 한 푼도 받지 않고 서로의 고민을 들어주는 자원 활동을 하고 있다는 것이 당시에는 참 순수하고 신선한 행위로 여겨져 언론의 호기심을 산 데다가 책이 알려지면서, 방송 섭외가 물밀듯 오기 시작했어요. 저를 직접 만나보고 솔직한 제 스토리와 하는 일의 의미를 공감해주신 기자, PD님들이 세상에 더 많이 소개시켜주셨고요. 그렇게 10년간 4만 4천 명을 만나면서, 저는 '2030세대의 마음을 가장 많이 듣고 나눈 동 세대 청년'이 되어 있었어요.

용기가 안 나서 상담하러 오지 못하는 청년들에게는 "당신만 그런 고민을 하는 게 아니에요. 당신은 혼자가 아니에요."라는 말을 뻔한 위로가 아닌 객관적 수치로 보여주고 싶어서, 매년 청년들의 고민을 통계자료로 만들어 발표하기 시작했지요. 아주 정밀한 자료는 아니지만, 어디든 필요한 곳에 인용해도 좋다고 밝히며 나누기 시작했지요.

그 과정에서 작가이자 상담가를 넘어 청년 마음건강 연구가로도 조금씩 알려지기 시작했고, 청년이 소멸되는 지방도시나 1인가구가 많은 서울시 같은 곳에서는 저의 의견을 필요로 하기 시작했지요.

그 모든 과정이 무시된 채 '정치인 낙하산 아니야?'라는 루머 하나로 PD는 우리 집에 찾아왔습니다. 사실 여부와 상관없이 제가 문을 열고 "지금 뭐 하시는 거예요!"라고 화만 내도 그들에겐 남는 장사였죠. 그 부분만 편집해서 내보내도 시청자들은 '찔리는 게 있으니까 제 발 저리는 거 아니야?'라고 생각할 수 있으니까요.

하지만 방송 출연 10년이 다 되어가는 저도 그렇게 호락호락하지만은 않았습니다. 우아하게 거실로 모신 후 차를 내왔지요. 그리고 웃으면서 말을 건넸습니다.

"저에게 일을 맡겼던 모든 담당자들이 전문성 때문이라고 했는데, 그게 말맞추기 아니냐셨죠?"

"그것뿐만이 아니라 여러 가지 살펴봐야죠."

"네, PD님. 근데 그전에 이 거실 그리고 저 기억 안 나세요?"

"네?"

"아, 이 PD님이 아니신가…? 저 이 탐사취재 프로그램에 출연한 적 있어요."

"네?"

"여기, 네이버 TV 다시보기 보시면… 제 얼굴 있잖아요. 다섯 달 전이었나? 20대 자살율 증가 특집 하면서, 저한테 섭외 연락 주셨었는데? 그때 '이 분야에 전문성이 있으신 분이라고 여러 사람들이 추천하셔서요'라고 문자도 보내셨어요. 여기요. 그때 저 너무 바빠서 시간 못 낸다고 하니까 토요일 오전에 저희 집 거실에서 전문가 인터뷰 따가셨는데…? 그땐 제 '전문성'을 왜 믿으신 거예요? 절 뭘 보고 전문가로 출연시키신… 거죠?"

얼굴이 벌게진 PD와 촬영팀이 귀가하고 난 뒤, 저는 후들거리는 다리로 털썩 주저앉았습니다. 끝이 아니었거든요. 유력 매체가 의혹 보도를 하면, 다른 인터넷 신문사들도 하나둘 옮겨 적기 시작합니다. 그 모든 언론사에 오보, 허위 보도 소송을 걸어야 했으니까요.

아무리 책이 좀 팔린 작가고, 방송을 좀 나온 사람이래봤자 제가 뭐 소속사 있는 톱스타도 아니고 평범한 30대 한 개인에 지나지 않잖아요. 당연히 기업 법무팀과 언론사 법무팀을 상대로 싸운다는 건 너무 버겁고도 힘든 과정이었지요. 그 모든 사건들에 대해 피해자임에도 불구하고 모든 과정을 직접 증명해야 했어요.

그때 저는 도움이 절실히 필요했습니다. 앞이 정말 캄캄했거든요. 하지만 제 주변 그 누구도 저와 같은 경험을 한 적이 없었어요. 가장 가까운 우군인 부모님은 병과 맞서 싸우는 시기였기에, 오히려 제가 버팀목이 되어야 했고요.

친구들이나 상담소 자원 활동가 동료 대부분은 회사원이었기에 '마음은 정말 아프지만 다른 세계에 살고 있는 친구라 어떻게 도와야 할지 감도 오지 않는' 상태였어요. "어떡해… 어떡하냐, 정말. 힘들면 전화해…"라고 말은 해 주었지만 막상 전화를 하면 도움을 주지 못해서 미안하다는 말만 반복했어요. 친구들이 미안할 일이 아닌데, 자꾸만 미안하다고 말하게 만드는 것 같아 죄책감이 느껴졌지요. 그래서 서서히 전화와 카톡도 멈추고, 버티기에 돌입했어요.

당시 코로나19 시기여서 누구보다 많은 사람들이 도움을 필요로 했기 때문에 상담소를 방치할 수 없었거든요. 피해자로서만 살 수 없었던 거예요. 상담가이자 작가로서 사람들을 돌봐야 했으니까요. 하지만 코로나19는 예상보다 더 길어졌고, 상담했던 청년들의 본인상 문자가 하나둘씩 쌓여갈 때쯤 저는 어디에라도 말하고 싶었어요. 익명의 온라인 친구들에게라도요. 그래서 고민 상담 품앗이 클럽에 가입한 거였죠.

하지만 거기에서조차 "정말 힘드시겠다. 그런데 뭐라고 말씀을 드려야 할지 모르겠다. 미안하다."는 댓글이 달렸어요. 그걸 보는 순간, '내가 사람들이 소화하기 버거운 이야기를 쏟아내고 있나 보다. 내가 내 고민을 말하는 것 자체가 사람들에게 부담을 주는구나.'라는 생각이 들기 시작했지요. 그때 결심했어요.

그냥, 아무에게도 말하지 말아야겠다.

09.

당신도 나도
결국엔 혼자가 된다

• 　　　　그 힘든 시기에 저를 다시 회복시킨 건 동네 공원, 그리고 그 속에서 만난 생각지 못했던 이웃 어르신들과의 대화였어요. 제가 사는 동네는 1기 신도시라 나무도 많고 공원도 참 많거든요? 근데 집값은 싸고 깨끗해요. 그런 장점 때문에 아파트가 처음 지어진 1990년대 중반에 입주해서 지금까지 쭉 살아온 분들이 참 많으세요. 이제는 대체로 60~80대 어르신들이 되셨죠. 그분들께 제가 눈에 띄기 시작한 겁니다.

하루하루가 너무 답답했던 그 소송 시기, 저는 틈만 나면 공원에 나가 벤치에 앉았어요. 집에 있으면 숨이 막혔거든요. 그런데 공원 가는 시간대가 대중없었어요. 재택근무하는 프리랜서니까요. 일하다 마음이 갑갑해지면 곧장 나가곤 했지요.

동네 어르신들은 그게 의아했나 봐요. 저 총각은 오전 10시에 놀이터 정자에 앉아 있더니, 오후 1시에는 강아지 산책시키면서 똥을 줍고 있고, 저녁 7시에는 공원 산책로를 돌고 있고, 시도때도 없이 출몰하니까 궁금증을 자극하는 아주 재미있는 존재가 된 거죠.

생각해보세요. 뭔가 멀쩡하게 생긴 젊은이가 아침에도, 점심에도, 저녁에도 공원에 출몰한단 말이죠. 취준생인가 하기에는 너무 늙어 보이고, 옷차림새나 행색을 보면 형편이 어려운 것 같지는 않고, 그렇다고 부잣집 철없는 백수 아들이라기에는 이 동네가 지극히 서민 동네란 말이죠. 그러다 보니 어느덧 궁금증을 참지 못하고 말을 거는 분들이 많아졌어요.

원래 저는 어른들 중에서도 특히 중노년층 남성분들과는 대화를 잘 못하는 성격이었는데요. 한 반년 관심받다 보니 점차 넉살이 좋아졌어요. 한참씩 대화를 나누기도 했고요. 어르신들은 호기심으로 말을 걸어왔다가, 상담으로 단련된 저의 경청 태도에 푹 빠지셔서 살아온 이야기를 한참씩 하곤 하셨죠.

그렇게 어르신들이랑 이야기하고 있으면 멀찌감치 혼자 은은한 미소를 띠면서 쳐다만 보시던 할아버지가 한 분 계셨는데요. 다른 할아버지들이 정자에서 장기 두는데도 딱히 끼지 않으시고,

언제나 같은 장소에 가만히 앉아계시다가 귀가하시곤 했어요.

'친구가 없으신 걸까. 다른 할아버지들이 안 끼워주시나?'라고 생각하면서 은근히 신경 쓰였죠. 그런데 어느 여름날 똑같은 자리에 할아버지가 앉아계시는데 아주 특이한 광경을 봤어요.

강아지 유모차에 강아지를 태우고 나오셨거든요? 그런데 유모차가 어디서도 볼 수 없는, 말 그대로 수제 유모차였어요. 마트 같은 데 가면 있는 그 노란 플라스틱 바구니에다가 나무로 상판을 만들어서 마치 반신 욕조의 덮개처럼 반쯤 씌워 강아지 간식 올려두는 자리를 만들고, 일반 어린이용 유모차의 시트만 뗀후 프레임에 그 플라스틱 바구니를 이어 붙여서 개모차(강아지용 유모차)를 만든 거였어요. 할아버지 손재주가 무척 좋으셔서, 저도 모르게 한참을 쳐다봤지요.

그러다 '아차, 너무 쳐다봤나?' 싶어 눈치를 봤더니 할아버지는 평소처럼 은은한 미소로 저를 쳐다보고 계셨어요. 머쓱해서 먼저 말을 걸었지요.

"와, 직접 만드신 거예요? 강아지 이름이 뭐예요?"

"이 친구 이름은 꼬마예요."

할아버지의 반려견을 쓰다듬으며 말했어요.

"아, 강아지 이름이 꼬마구나. 얘, 꼬마야. 너는 엄청 좋은 유모차를 가지고 있구나! 온리원이다, 온리원. 아주 사랑받는구나!"

할아버지만큼이나 얌전한 갈색 푸들은 처음 만난 저의 손길에도 놀라지 않고 빙그레 웃으면서 가만히 앉아 있었어요. 강아지와 주인은 닮는다더니 참 그런가보다 싶었지요.

그렇게 수제 개모차 덕분에 대화를 트게 된 할아버지는 초등학교 선생님 출신이라고 하셨어요. 왜 장기 두는 할아버지들이랑 같이 안 어울리시는지 궁금했었는데요. 세상에나, 장기 할아버지들보다 열 살은 많으시더라고요. 엄청 동안이셨던 거예요. 워낙 고령이다 보니 사모님이랑도 사별하시고, 친구들도 대부분 떠나셨대요. 심지어 자녀분도 먼저 떠나셨다며, 꼬마랑 둘이 살고 계셨지요.

장기 두는 영감님들이라도 같이 노시면 어떠냐 했더니, 이제 갈 날이 얼마 안 남아서 이 나이에 새로 사람 사귀어봤자 조의금 내라는 소리밖에 못 듣는다고 농담하시더니 그냥 꼬마랑만 사시겠대요. 12살인 꼬마가 할아버지보다 하루라도 먼저 가는 것 말고는 크게 바라는 것도 없다고 하시더라고요. 괜스레 마음이 찡해져서 부모님 댁 강아지 주려고 산 간식을 주섬주섬 꺼내서 두 개 건네드렸어요. 할아버지는 고맙다면서 주머니에서 빅파이 하나를 꺼내 주셨지요.

저는 그냥 먹으면 목 막히니까 두유를 사 와야겠다며 핑계 김에 베지밀 두 개를 사서 할아버지랑 나눠 가졌지요. 그렇게 먹고 마시면서 할아버지 살아오신 이야기를 쭉 들었어요.

할아버지는 삶에서 한 번도 혼자인 적이 없는, 요즘 말로 '인싸(사람들과 적극적으로 어울려 지내는 사람을 이르는 말)'셨어요. 학창 시절, 교사 시절, 은퇴 후 70대까지도 주변에 늘 사람이 북적였지요. 그래서 할아버지는 '혼자'인 삶을 처음 겪어본다고 했어요. 당신의 자녀보다도 훨씬 어린 저에게도 반말하지 않으시는 할아버지는 아주 덤덤하고도 정제된 언어로 이렇게 말했어요.

"팔십 넘어서 처음으로 '고립무원'이라는 단어가 사무치게 와 닿는 거예요. 내가 한문 선생도 한 8년 했는데, 항시 '고孤자, 립立자, 무無자, 원援자' 글자 쓰는 법만 가르쳤지. 이것이 이렇게 관념적인 단어가 아닌 내 삶으로 와닿는 것은 또 다른 문제더라고요. 아, 내가 참으로 겉껍데기만 늙은 소년으로 많은 이들의 돌봄 속에서 살았구나 싶고요. 청년도 지금 내가 선택할 수 있을 때 혼자도 지내보고, 둘로도 지내보고, 또 여럿이서도 지내보면 좋지 않을까."

할아버지는 한 번도 혼자 살아본 적, 스스로를 돌본 적이 없었기 때문에 노년기에 혼자된 스스로가 퍽 낯설다고 말했어요. 제 눈에는 아주 교양 있고 학식 있어 보이는 멋진 어르신이었음에도 당신 스스로를 철이 덜 든 사람이라고 말하셨지요. 인생에서 언젠가 한 번은 누구나 혼자가 된다는 사실을 외면하고 살아서, 외로움에 대해 준비하지 못한 채 고립을 맞이했다면서요.

할아버지랑 헤어지고는 한참을 생각했어요. 이유는 달라도 또 시기는 달라도 누구에게나 반드시 한 번은 혼자가 되는 순간이 오는구나. 고립이란 건, 어쩌면 그 누구도 피할 수 없는 생의 통과의례일지도 모르겠다고요.

10.

무탈한 어제를 지나
오늘 느닷없이

●   동네에서 만난 분 이야기를 하나만 더 할까 해요. 이번에는 낮이 아니라 아주 깜깜한 새벽에 만난 아버지 또래의 아저씨 이야기예요. 그날은 제가 아주 좋아하던 아이돌 한 명이 세상을 떠났다는 뉴스가 있던 날이었어요. 저도 소소하게나마 방송 출연을 했던 사람인지라 오가며 인사하는 연예인이 많았고, 불과 1년여 전에 가까운 연예인 친구 하나를 떠나보낸 아픔이 채 가시지 않았기 때문에 남 일 같지 않았어요.

    그날 밤은 정말 잠이 오지 않아서 담배 한 갑을 사서 동네 흡연 장소에 갔어요. 담배에 불을 붙이려다가 흠칫 했지요. 맞은편 벤치에 웬 아저씨가 앉아서 소시지를 잡숫고 있는 거예요. 뭘 드시는 분 앞에서 담배 연기를 뿜기가 영 죄송하더라고요. '저 아저씨는 왜 굳이 여기서 드시나?' 이해가 안 되기는 했죠. 공공 흡연 장소라서 먼지며 담배 연기가 꽤 자욱한 곳이거든요. 아저씨 가시면 펴야겠다 싶어 중간중간 눈치를 보고 있는데, 아저씨는 갈 생각이 전혀 없어 보였어요. 봉지에서 먹을 걸 더 꺼내면서 혼자 중얼중얼 하시는 거예요.

"이 시X럴, 이것도 안 돼. 이것조차 안 되니? 아이고, 인생아. 아무것도 안 돼. X 같은 인생."

자세히 보니까 맥주 캔이 잘 안 따지는 것 같더라고요. 아저씨 목소리는 점점 더 커져가고, 왠지 저 들으라고 하시는 말 같기도 해서 조심스레 다가갔지요.

"까…드릴까요?"

"그럼 좋지. 자네도 한 캔 먹든가."

"아… 아니, 저는 그보다는 담배를 피우러 오긴 했는데…"

"뭐? 아, 나 때매? 괜찮아. 펴도 돼. 어, 나 신경 안 써도 돼. 펴, 펴."

"아니… 저쪽 가시면 편안하게 드실 수 있는 평상이 있거든요. 여기는 안 깨끗한데."

"저기는 우리 집 쪽이라서 안 돼. 들키면 안 돼. 나 '공식적으로' 야간근무 중이거덩?"

"네?"

"회사 짤렸는데 비밀이라고, 이 사람아."

본능적으로 느꼈죠. 아, 이야기가 시작되겠구나.

아저씨는 이미 얼큰하게 취한 채로 말씀을 이어가셨어요. 1년 뒤 정년퇴직인데, 회사가 야속하게도 35년 근속인 자신을 해고해버렸다는 거예요. 딱 1년만 더 있으면 정년퇴직인데 말이에요. 한 직장에서만 평생을 다 바쳤는데, 이렇게 버려진 게 수치스럽고 배신감 느껴져서 아내분에게 차마 그 말을 하지 못했대요.

아내분이 제발 주말에는 아들들과 유원지라도 가자고 사정사정하던 젊은 시절에도 회사에 충성하는 게 우리 식구 먹여 살리는 거라 생각해서 월화수목금금금 일만 했는데, 못 배운 게 한이 돼서 동생들, 자식들 석박사까지 시킨다고 등골 휘게 일만 했는데, 회사에서도 모범사원 표창을 7번이나 받았는데….

그렇게 열심히 충성한 세월이 있으니 정년퇴직 정도는 당연히 할 수 있지 않나 생각했는데, 회사 시스템이 바뀌었다고 아저씨네 부서 사람들을 모조리 잘랐다는 거예요. 지난주에는 그래도 주간근무라서 혼자 등산하고 경보한 후 집에 들어갔는데, 야간근무로 나오니까 도무지 갈 데가 없더래요. 그래서 여기서 소시지랑 맥주를 하염없이 드시고 계셨어요.

"아저씨, 아직 쌀쌀한 4월인데… 진짜 큰일 나세요. 가족들한테 말하셔요, 그냥."

"말하면 와이프가 '아이고, 여보. 수고 많으셨소.' 아들들이 '아이고, 아버지. 수고 많으셨어요.' 할라고? 안 하거든. 내가 집에 가잖아? 아들놈들이 인사도 안 해요. 아무 말도 안 해요. 나는 그냥 투명인간이거덩? 우리 집 멍멍이 한 놈만 반갑다 하지. 아무도 없다, 이거야."

가족들이 실망할까 봐, 한심하게 여길까 봐 아저씨는 (어른께 죄송하지만) 미련할 정도로 혼자 버티고 있었어요. 무려 3개월을요. 친구도 없어서 매일 등산이랑 맥주로 시간을 보냈대요. 아저씨에게 유일한 연결고리는 회사뿐이었다나요.

가족들을 부양하느라 회사 동료들과 부하직원들 챙기면서 수없는 세월을 회사에만 쏟았으니, 아저씨의 사회적 관계는 자연스레 회사 사람만 남은 거죠. 그런데 하루아침에 아저씨는 일거리도, 관계도, 자신의 자부심도 모두 사라진 채 혼자가 되었대요. 가족들에겐 부끄럽고 초라해서 말할 수 없고, 동료들에게 만나자고 찾아가면 측은해보일까 봐 잘 지낸다고 거짓말을 한 채 벤치에서 소시지와 맥주로 긴 밤을 보내고 있었어요.

그 몇 달 동안 처음으로 함께 있어 준 타인이 저였던 모양이에요. 그 사실이 고마웠던 걸까요? 아니면 새벽 두 시가 넘은 시간에 잠 못 자는 저 역시 아저씨만큼이나 힘든 시기를 살아가고 있다는 걸 눈치채신 걸까요? 갑자기 벌떡 일어나서 저를 붙잡고 빤히 보며 말했어요.

"자네는 그래도 괜찮아! 나보다는 괜찮아! 내가 관상을 좀 보거덩? 관상이 괜찮아. 절대로 절망을 하지 마! 어? 이 깊은 밤에 자네는 뭔 그런 고난이 있어서 잠 못 자고 담배 피우는지 내가 잘은 모르지마는! 눈썹도 잘생기고, 웅? 코도 잘생기고, 웅? 이빨도 가지런하네. 잘 살 거야. 어. 아주 잘 살 거여."

본인이 가장 외로운 순간을 살고 있으면서도 잠깐 곁을 내어준 총각이 고마워서 뭐라도 앞날을 축복해주고 싶어 하는 아저씨를 보며, 저도 뭉클해져서 말을 건넸어요.

"아저씨, 저 사실 상담하는 사람이거든요. 말씀하시는 톤만 봐도 다 안단 말이에요. 아저씨 말투가 조금 걸걸하신 것뿐이지. 좋은 아빠시고 좋은 남편이시고, 선량한 분이신 거 다 티 나요. 제가 젊어보이지요? 아드님들 또래 같아 보이지요? 아네요. 이래봬도 마흔이에요? 제법 경력도 있고요. 테레비에도 나온 사람이에요? 어? 저 나름 전문가예요? 사람 잘 봐요! 제가 확신하는데, 가족들이 절대로 실망 안 해요. 절대 뭐라고 안 해요. 아들들도 아빠랑 아직 친해져본 적이 없어서 서먹한 거뿐이에요. 아니! 35년 일하든 36년 일하든 평생 뼈 빠지게 고생하신 거 똑같은데, 1년 미리 퇴직했다고 가족들이 뭐라고 한다? 아이고, 어림도 없죠. 그러면 저한테 아드님들 데리고 오세요. 제가 아주 그냥 오은영 선생님처럼 눈을 부릅뜨고 그냥 매콤하게 한마디 할 테니까, 응? 그니까 꼭 가서 말하세요. 예? 아셨죠? 꼭?"

아저씨에게 네이버 인물 검색으로 제 프로필까지 보여드리면서 아주 오두방정을 떨고 '나 나름 전문가다. 내 말을 믿으셔라.' 난리 난리를 치며 아저씨를 동네로 떠밀었어요. 부디 오늘 밤 석 달 동안의 고립이 끝나기를 바라면서요.

그리고는 다시 한번 깨달았지요. 고립은 '특수한 집단'의 문제도, '특정한 연령'의 문제도 아니라 누구의 삶에든 한 번쯤은 반드시 찾아오는 '상태'라는 걸요. 그러니 아직 겪지 않은 사람은 있어도, 영원히 겪지 않는 사람은 없을지도 모르겠다고요.

어쩌면 '고립'은 그 누구도 피할 수 없는 ___

—— 생의 통과의례일지도 모르겠습니다.

part 2

어쩌면

당신도

경험한 적 있는

이야기.

01.

100명의 동굴에 찾아가
100개의 이야기를 듣다

●   A를 만나 나눈 이야기 그리고 2021년 나의 고
립 시절에 대한 회상에 푹 빠져서 시간 가는 줄 몰랐을까요? 버
스는 순식간에 3시간 반을 달려 강남의 고속버스터미널에 도착
했습니다. 저는 그길로 재단에 들렀지요.

    "저 쓰는 건 확실히 약속하겠는데, 방식에 대해서 한 가지만
같이 고민해주셨으면 해요."

    "얼마든지요. 어떤 고민을 해드리면 될까요, 작가님?"

    "고립이 특수한 사람의 일이 아니라 누구에게나 한 번쯤 찾아
오는 상태라는 제 시선에 동의하신다면, 필수적으로 많은 사람
들의 이야기가 필요하다는 것도 동의하실 거예요. 나이, 성별, 학

력, 재산 수준 모든 면에서 각기 다른 상황에서도 고립은 찾아올 수 있다는 걸 입증해야 하니까요. 그렇기 때문에 최대한 많은 사례자 이야기를 듣고 난 뒤에 쓰고 싶어요. 최소한 100명은 되어야 한다고 생각해요."

"그 100분을 모시는 건 저희가 당연히 함께해야지요. 걱정하지 마세요. 저희도 찾아볼게요."

"감사해요. 다만 그게 고민의 핵심은 아니고, 인터뷰의 방식이 고민이에요. 사례자분들이 단지 책을 쓰는 소재로만 활용되진 않았으면 해서요. 고립을 겪으셨던 분들에게는 자기 이야기를 꺼내는 데 분명 용기가 필요할 텐데, 그 용기에 대해서 제가 어떻게 보답하는 게 좋을지 싶어서요."

"그렇다면 작가님이 제일 잘하는 것을 나눠주시면 어떨까요?"

"어떤 거요? 제가 뭘 제일 잘하지?"

"고민 상담이요. 10년이나 해오셨잖아요. 깜짝 상담소를 열어보면 어떨까요?"

가장 저다운 방법이라고 생각했어요. 이야기를 단지 들려주는 것이 아니라 함께 나아갈 수 있는 방향을 찾아가는 과정에서 저도 더 많이 고민할 테고요. 그 과정이 분명 여러분에게 들려드릴 이야기를 더욱 풍성하게 만들 수 있겠다 싶었거든요.

재단이 상담소를 준비하고 100여 명의 사람들을 찾아 연락하기 시작하면서, 동시에 저는 제가 지난 10년 동안 상담한 사람들, 그리고 제 주변 가장 가까운 곳부터 둘러보기 시작했어요. 나의 친구와 지인 중엔 누가 지금 고립을 겪고 있을까. 아니면 고립을 겪었던 누군가가 있을까. 그리고 누가 자신의 이야기를 들려줄 수 있을까. 곰곰이 생각하다 깨달았지요. 생각보다 나는 주변 사람들의 고립을 너무 모른 채 살아왔다는 걸요. 정말 상상조차 못 했던 친구가 말문을 열었기 때문이죠.

02.

가장 명랑했던 그녀가
모두와 연락을 끊은 이유

● 　　　　　가장 먼저 자신의 고립에 대해 이야기를 꺼낸
친구는 대학 졸업 동기였던 민경이었어요. 깜짝 놀랐어요. 고립
이라는 단어와는 가장 거리가 멀어 보이는 인싸 중에 인싸, 핵
인싸였거든요.

　대학 졸업반 시절 학내 스터디 그룹에서 처음 만난 그녀는 10
년이 넘는 세월 동안 항상 웃는 얼굴이었어요. 그것도 미소가 아
니라 박장대소요. 입만 열면 유머 가득한 쾌활한 성격에 친구도
많았죠. 저는 항상 생각했지요. '쟨 무조건 MBTI가 ENFP(열정적
이고 사교적이며 창의적인 성격)일 거야'라고요. 사람의 감정을 각각 의인
화했던 애니메이션 영화 〈인사이드 아웃〉을 봤다면 쉽게 이해하

실 거예요. 즐거움을 상징한 주인공 조이Joy의 현실판 같은 친구였거든요.

그런 그녀가 저의 근황을 듣자마자 "고립? 오빠, 이건 내가 꼭 말할 수밖에 없는 주제다. 이건 내 얘기야, 나라고."라며 자신의 이야기를 꺼내 놓았지요. 처음에는 '내 책에 등장하고 싶어서 그러는 거 아니야…?'라고 의심의 눈길을 보냈어요. 그도 그럴 것이 전작《마이크로 리추얼: 사소한 것들의 힘》에서 같은 스터디 그룹 친구였던 영인의 에피소드가 등장했을 때 "오빠! 나는! 나는!" 이라며 누구보다 부러워했거든요.

하지만 그녀의 이야기를 듣자마자 나 역시 고립에 대해 작은 편견을 갖고 있었다는 걸 깨달았어요. 밝고 건강한 사람은 왠지 해당사항이 없을 것 같다는 편견 말이에요.

민경이가 처음 고립이라는 단어를 머릿속으로 떠올린 것은 서른을 갓 넘긴 어느 날, 남편의 해외 파견 소식을 들은 저녁식사 자리였대요. 인도로 가서 꽤 오랜 시간 지내야 한다는 남편의 말에 민경은 입장 정리를 해야 했지요.

그녀는 당시 번듯한 대기업의 인사 담당자로 커리어를 쌓아가고 있었지만, 꽤 긴 기간인 데다가 출산을 앞두고 있었던 터라 혼자 한국에서 그 모든 것들을 해내기는 어렵겠다는 판단이 들었대요. 결국 남편과 함께 인도로 떠나 생에 처음으로 전업주부의 삶을 시작하게 되었지요.

처음에 이 상황이 낯설다고 느낀 건 '소속감'이 사라졌을 때였대요. 학창 시절부터 직장인 시절까지 쉼 없이 살아오는 동안 얻은 서울대생, 대기업 사원이라는 타이틀은 자신의 소속이자 오롯이 자신의 성취로 얻어낸 것들이었지요. 하지만 인도에 도착하고 얼마 지나지 않아 본인은 누구 와이프, 누구 엄마가 되어버렸죠. 나의 터전도 아닌 곳에서, 심지어 나의 소속도 사라진 상황에서요. 그녀는 이 상황에 대해 이렇게 회고했어요.

"갑자기 내가 입고 있던 많은 옷과 소지품들을 누가 훅 뺏어가 버리고 '이제 넌 이 옷을 입어야 해'라며 툭 던진 느낌이더라고. 근데 그게 내 사이즈에 전혀 맞지 않는 옷인 거지."

그녀가 새롭게 맡은 역할인 전업주부는 잘하는 일도, 좋아하는 일도 아니어서 나라는 사람을 규정짓는 정체성이 되지 못한다는 걸 깨달았대요. 그런데 할 수 있는 일은 그것뿐이었던 거죠. 30여 년의 삶 속에서 언제나 주어진 일만큼은 잘 해내는 한국 사회의 전형적인 모범생으로 살아왔는데, 이번에 주어진 일은 제대로 해내지 못하고 있다는 생각 그리고 인정받을 수도 없다는 생각에 자존감이 떨어져갔어요.

그렇다고 밖에서 사람을 만나고 새로운 관계에서 활력을 얻자는 생각도 할 수 없었다고 해요. 이유는 두 가지였는데요. 그녀는 '인도'에 있었고, 이제 막 돌도 안 된 아이가 곁에 있었으니까요. 외국인 여자가 돌아다니기에는 쉽게 발걸음이 떨어지지 않는 인도의 치안 사정과 엄마가 반드시 필요한 갓난아이 때문이었죠. 설상가상으로 코로나19가 겹쳐 그나마 알고 지내던 이웃 주재원들도 대부분 귀국해버리고, 그녀만 덩그러니 그곳에 놓였대요.

거기까지 듣다 보니, 스치듯 떠오르는 민경의 모습이 있었어요. 졸업 동기 친구들이 모인 단체 카톡방에서 화상통화 좀 하자고, 그룹 화상채팅 좀 하자고, 다들 뭐 하냐며 늘 먼저 카톡을 보내던 민경의 모습이요.

"인도 아줌마 좀 살려줘, 여러분. 얼굴 좀 봅시다! 화상채팅 고 고. 고 고!"

하지만 다들 각자의 일로 한창 바쁜 30대 초중반의 우리는 그때마다 민경과 만날 수는 없었어요. 게다가 화면으로 가끔 만나는 그녀는 그렇게까지 힘들어 보이지 않았어요. 좋은 집, 좋은 차, 그리고 기사와 메이드까지 있는 삶을 그저 부러워만 했지요. 민경은 집도, 차도, 기사도, 가정부도 있지만 말할 사람은 한 명도 없다며 이게 다 무슨 소용이냐고 사자후를 토했지만 그녀 특유의 웃긴 입담일 뿐이라고 생각했어요. 드레스 룸 가득 채워진 옷들을 보면서 그저 "민경이네 신랑 진짜 잘 버나 봐. 너무 부럽다. 거의 인도 프린세스네."라고 감탄만 했을 뿐이었죠.

하지만 그 옷들조차 고립된 그녀의 후유증이자 발버둥이었대요. 쇼핑 중독이 시작됐던 거예요. 현지 지인들도 모두 떠나고, 한국에 있는 친구들과의 연락은 자주 닿지 않고, 가끔 연락하더라도 여유로워 보인다며 부러워만 하는 모습을 보며, 그녀는 누구와도 말할 수 없다는 걸 직감적으로 깨달았대요. 그러고는 보상심리가 생기기 시작한 거예요. '내 힘듦은 왜 아무도 몰라주는걸까. 그럼 나라도 나를 알아줘야겠다.'라고요.

하지만 인도의 코로나19 상황은 나날이 심각해져서 가까운 마트조차 갈 수 없는 자가격리 기간이 길어졌대요. 때문에 나를 돌볼 마땅한 방법도 없었던 거죠. 그나마 집 밖을 나설 유일한 기회였던 인근 동남아 여행도 어려워지자 민경은 그때부터 점차 물건을 사 모으기 시작했어요.

분수에도 맞지 않는 값비싼 물건을 사고, 막상 사면 열어보지도 않은 채 몇 달씩 방치하는 일이 반복됐대요. 목표도, 성취도, 대화를 나눌 사람도 없는 상황에서 물건을 모으는 게 목표가 되어버린 거예요. 하지만 내적 성취가 아닌 물질의 쟁취는 그 순간의 도파민만 자극할 뿐 공허함은 더욱 심해졌대요.

"그게 언제쯤이야?"

"인도 가서 2년 차 때쯤?"

"너 그래서 그렇게 인스타그램에 이 옷 저 옷 입고 사진을 올렸던 거구나…."

그러고 보니, 민경이가 언제부턴가 단체 카톡방에서 조용해진 것도 그때쯤이었어요. '이제 적응해서 잘 살고 있나 보다'라며 무심히 생각했었죠. 마음이 찡해지기 시작했어요.

'이렇게 몰랐구나. 한번 카톡이라도 해볼 걸. 그저 명랑한 친구니까 막연히 '잘 지내겠지. 적어도 물질적으로 풍요로우니까 귀족같이 살고 있겠지. 예쁜 옷 입고 쇼핑 왕창 하던데 정말 부럽다. 팔자 좋아 보인다. 아, 나도 저렇게 살았으면…' 이런 생각만 했었는데….'

잠깐이라도 나를 봐 달라고, 나에게 안부를 물어달라는 SOS 인지는 모른 채 말이지요. 그렇게 친구들의 무관심 속에 그녀는 점차 연락과 SNS도 줄이고 혼자 버티기 시작했대요. 물건을 더 사들이는 것도 의미가 없다고 생각되자 밤마다 일기를 쓰며 하염없이 울었대요. 매일 밤, 하루도 빠짐없이 매일 밤을요.

공부도 일도 언제나 우등생이었지만 그 어떤 것도 이곳에서는 의미가 없었죠. 남편이 퇴근하기 전까지는 아무와도 말할 수 없고, 목표를 세울 수도 성취할 수도 없는 환경 속에서 그저 울며 계속 일기만 썼대요. 남편이 돌아오면 차를 타고 근처 호텔로 가서, 남편을 옆에 앉혀놓고는 단 것을 꾸역꾸역 입에 밀어 넣고 잠에 드는 날들이 수년간 반복된 거예요.

이야기를 쭉 들려준 그녀는 말했어요.

"그때 일기를 내가 뭐라고 부르는 줄 알아?"

"뭐라고?"

"난중일기. 진짜로 나한테는 난이었어, 난."

외향적인 사람, 언제나 친구가 있어야 하는 사람, 사람들 속에서 교감하고 소통해야 하는 사람이 완전히 사회와 격리되었을 때 아무리 신체적 건강과 정신적 건강이 타고난 사람이어도 사회적 건강의 손상으로 서서히 무너져가는 과정을 민경은 누구보다 절실하게 겪었다고 했어요. 그 과정에서 어떻게 다시 민경은 일상으로 돌아올 수 있었을까요?

"나는 결국 연결이 필요한 사람이더라고. 돈? 돈으로 안 돼. 뭐 '친구도 돈으로 사겠어', '사랑도 돈으로 사겠어' 그러지? 아니야. 결국은 내 안부를 물어봐주는 사람이든 내가 안부를 물을 수 있는 사람이든 '연결'이 필요하더라고. 사람마다 다를 순 있겠지만 최소한 나는 그랬어. 왜 내 MBTI가 우울증이 제일 없는 MBTI라잖아. 그런 나조차도 버틸 재간이 없더라니까. 결국 나는 내 성향대로 살아야 하는데 그게 안 되니까."

"그럼 어떻게 다시 김민경이 김민경스러워진 거야?"

"코로나19가 어느 정도 풀리고 아이도 크고 나니까 그 안에서도 작은 사회를 다시 이룰 수 있더라? 엄마들이랑도 소통하고 아이와도 대화라는 게 되잖아. 나는 확실히 입이 멈추면 죽는 사람이더라고."

웃으며 말하는 그녀를 보면서 곰곰이 생각했어요. 지금은 저렇게 웃으며 말하지만 아이가 크고 코로나19가 끝날 때까지라면, 대략 2년 넘는 시간을 혼자 울며 일기 쓰면서 버텨온 거구나. 왜 그 과정에서 나와 친구들은 한 번도 '민경이 괜찮을까?'라고 생각하지 못한 걸까.

남편이 돈을 잘 버니까. SNS에 잘 지내는 것처럼 보이는 사진이 올라오니까. 예쁜 드레스를 입고 있으니까. 그런 힌트들 너머의 진짜 모습에 대해 아무도 몰랐어요.

그때 생각했지요. 타인의 안녕을 판단하는 우리의 기준은 너무 단편적이었고, 단조로웠고, 무심했다는 걸요.

여러분은 어떠세요? 오늘 한번 카카오톡 친구 목록을 살펴보면서 막연히 잘 살겠거니 했던 친구 하나쯤에게 '정말 잘 사는지' 안녕을 물어보는 건 어떨까요? SNS 속에서, 카카오톡 프로필 사진 속에서 잘 지내보이는 그의 모습 너머에 진짜 그의 안녕을 말이에요.

고립은 나이나 소속, 성격,
재산의 많고 적음과 무관합니다.
또한 내 인생의 가장 초라한 순간이든
화려한 순간이든 상관없이
찾아올 수 있지요。

03.

**엄마와 아내로 살아내다 고개를 들었지만
내가 없었다**

●   민경의 이야기를 듣고 나니, 지금 이 순간에도
내 주변에 고립을 겪고 있는 친구들이 있을지 모른다는 생각이
들었어요. '상담가라면서 생면부지의 사람들에겐 늘 귀를 기울이
면서도 정작 일상의 관계에는 조금 무심했구나'라며 반성하게 되
었지요.

어쩌면 친구들이 제게 고민을 털어놓으려 할 때 "이거 요리사
에게 요리해달라는 거랑 마찬가지라고. 퇴근하면 나도 일 안 하
고 싶다고."라고 농담 섞인 푸념을 했던 것이 어쩌면 또 하나의
부담을 준 게 아닐까 싶었어요. 도움을 청하고 싶다가도 주춤하
게 만든 건 아닐까 하고요.

오랜만에 '생즉카'를 실천하기로 했지요. '생즉카'는 번아웃의 원인과 회복법에 대해 소개했던 전작 《마이크로 리추얼: 사소한 것들의 힘》에서 추천한 회복법입니다. 제가 일상에서 실천하면서 만들어낸 줄임말이기도 한데요. 누군가가 '생'각났을 때 '즉'시 '카'톡하자는, 제 나름의 행동지침이에요. 연구해보니, SNS가 발달할수록 사람들은 주변 사람이 문득 떠올랐을 때 연락을 잘 하지 않는다는 데서 착안한 거예요.

대부분의 경우 잠깐 그 사람을 떠올렸다가도 금세 잊어버리고, 그 외에는 SNS나 카톡 프로필 사진을 잠깐 보고 '잘 사나 보네'라며 넘깁니다. 생각났을 때 바로 전화나 카톡을 하는 경우는 그리 많지 않지요. 번아웃이 범람하는 2020년대에 그렇게까지 타인에게 에너지를 쓰기에는 내 에너지도 부족한 사람들이 너무 많기 때문입니다. 저 역시도 그랬고요. 하지만 그렇게 서로가 서로에게 절전모드가 되면서 점차 보이지 않는 곳에서 고립이 일어나는지도 모르겠다 싶었어요.

그렇게 가장 먼저 떠오른 친구는 첫 직장의 입사 동기였던 은희였습니다. 민경과 상황이 비슷해서 바로 떠올랐죠. 남편이 해외 주재원이어서 거주지 이동이 잦은 친구였거든요. 지금은 독일 프랑크푸르트에 살고 있어요. 하지만 민경만큼 고립되진 않았을지도 모르겠다는 생각이 들었어요.

은희는 민경과 많은 것이 달랐거든요. 일단 대학을 유럽에서 다녔고, 직업이 프리랜서 패션디자이너였기 때문에 독일에서도 충분히 자기 일하며 잘 살고 있지 않을까 반신반의했지요. 결정적으로 사람들과 연결되어 명랑하게 깔깔 웃음을 짓는 게 일상인 외향형 민경과 달리 은희는 다소 사색적이고 신중한 성격이었거든요. 그런 성향이 여러모로 독일이라는 나라와 잘 어울리기도 했고요. 하지만 민경을 통해 깨닫게 된 건 이거였어요.

'고립은 그 사람의 성격 문제가 아니다'

성격이 밝다고 안 오는 것도 아니고, 신중하다고 잘 헤쳐 나갈 수 있는 것도 아니라는 거죠. 성격이 어떻든 상관없다면, 그 대신 제가 판단의 근거로 삼았던 건 횟수와 빈도였어요. '이전에 비해 사람들에게 자기 소식을 얼마나 발신하고 있는가'의 빈도 말이죠.

은희 역시 민경처럼 한동안은 SNS에 소식을 자주 올렸기 때문에 멀리 살아도 계속 가까이에서 보는 것 같았는데요. 어느 날부터 더 이상 소식을 잘 안 올리고, 제게 먼저 안부를 묻지도 않았으며, 제 SNS에 댓글도 남기지 않은 지 6개월이 다 되어갔더라고요.

"헤이, 거긴 몇 시야? 잘 살아?"

"어, 뭐 살지."

"아니. 잘 사냐구."

"잘? 음… 글쎄, 있어봐. 그건 내가 좀 생각해봐야겠다. 일단 우리 아기 하원 좀 시키고. 이따 밤에 곰곰이 생각해보고 연락할 게. 내가 잘 살고 있는지."

그날 밤 아니 한국 시간으로는 늦은 새벽, 은희는 아주 긴 편지를 보내왔어요. 그 속에는 '나를 잃어가는 과정'과 '다시 나를 찾아가기 위한 발 구르기'가 생생히 담겨있었지요. 다음은 은희가 보낸 장문의 편지예요. 함께 읽어보시겠어요?

런던에서 4년, 필리핀에서 2년 반. 그리고 지금은 독일에서 3년째. 런던 유학부터 시작된 해외 생활은 재밌었지. 같은 패션디자인 공부를 하는 친구들 사이에서 같은 관점과 정서를 공유했으니까.

하지만 결혼하고 남편을 따라간 필리핀에서부터 고립감을 느끼기 시작했어. 근데 이때는 고립이 '소통 문제'라고만 생각했던 것 같아. 주재원 와이프들끼리 만나니 저마다 관심사도 너무 다르고 회사 사람들이라는 생각에 내 얘기를 선뜻 하기 어렵다고 느꼈지. 해외 한인 커뮤니티는 어느 나라를 가도 작아서 말이 새어나가는 건 순식간인데, 더군다나 회사 사람들이 포함되어 있으니 '내 말 한마디가 남편의 직장 생활에 피해를 줄지 모른다'는 걱정에 더욱이 말을 아낄 수밖에 없었어. 그곳의 한 분 한 분 모두 정말 좋은 사람들이었지만, 서로 조심할 수밖에 없는 환경이었지.

그래서 그때는 고립이라는 게 그저 '대화'의 부족에서 온다고 생각했어. 내 말을 아끼고 아꼈다가 한국에 와서 친구들을 만나 풀면 된다고 생각했지. 그리고 그때는 그렇게 해소할 수 있었어. 필리핀에 살 당시에는 아이가 없었고, 한국이랑 가까워서 한국 패션 브랜드 일도 맡아서 하고 있었던 데다가 미팅 겸 친정 방문 겸 한국이 그리우면 얼마든 갈 수 있었으니까.

진짜 문제는 독일에서부터 시작되었어. 필리핀 때랑은 많은 면이 달라졌지. 아이를 낳고 14개월쯤이었던 것 같은데, 호르몬의 영향에서 벗어날 틈도 없이 독일로 왔던 것 같아. 여자들 월경 전에 감정 컨트롤 안 되는 경우 많은 거 알지? 아이 낳고 나서도 우울감이 심하게 온다? 호르몬 영향이거든. 이럴 때 남편이 옆에 있거나 육아를 도와줄 사람이 있어야 빨리 벗어날 수 있지.

그런데 일단 이 모든 육아를 혼자 하루 종일 해결해야 하는 것, 속 깊은 얘기를 나눌 사람이 없다는 것, 친구든 남편이든 친정 식구든 힘들 때 기댈 사람이 없다는 것. 그리고 역설적으로 일을 할 시간은커녕 잠시 혼자 있을 시간조차 없다는 게 내가 원해서 온 유럽 생활을 암울하게 만들었지.

역시나 소통이 문제인 걸까 생각했어. 1년이 지났을 무렵, 함께 육아할 친구가 생기고 한두 명으로 늘어났지. 하지만 그런데도 고립감은 여전한 거야. 아이 위주로 만나다 보니 각자의 관심사가 달랐고, 엄마로서가 아닌 '내 얘기'를 나눌 사람은 드물었어. 그때 깨달았지. 대화의 여부가 문제는 아니라고. 고립이란 게 단순히 누군가랑 말하고 안 하고의 문제가 아니라는 걸 깨달았어.

너 혹시 고립에 대한 기산데, 본 적 있어? '1인분 역할 못하는 존재… 나는 28세 고립청년입니다'라는 제목이었는데, 내 얘기 같더라. 특집 기사였던 것 같은데 홀린 듯이 읽어 내려갔어. 내가 어쩌면 고립을 경험하고 있는 건 소통이나 대화 문제가 아니라 '나의 상실'에서 시작되는 것일지도 모르겠다 싶었거든.

이 대목에서 저는 흠칫 하고 멈추었어요. '1인분의 몫을 못하는 사람'이라는 대목에 공감하고 있다는 그녀의 현재 모습과 누구보다 일 욕심 많고 똑똑했던 그녀의 신입사원 때가 겹쳐 보이며 마음 한편이 뭉클했어요.

조금만 몸이 아파도 병원으로 달려가곤 했던 개복치 같은 저와 달리 자신이 맡은 업무가 끝나지 않으면 어디가 아프든 식은땀을 흘리면서라도 다 해놓고야 병원을 갔던 그녀. 이렇게 될 때까지 어떻게 참았냐고 의사한테 혼이 날 정도로 책임감과 일 욕심이 많았던 그녀가 경력단절 여성이라는 너무나도 낯선 정체성 앞에서 흔들리고 있었지요.

그녀가 말한 '나의 상실'은 사회에서 내 역할이 상실되는 것과 같다는 것을 편지 말미에서 알아차릴 수 있었지요.

너 알지. 독일 오기 전에 한국 패션 브랜드 A랑 협업하던 중이
었는데 거기 디자인 실장님이 꼭 가야 하냐고 붙잡으셨던 거.
나 그때 "유럽은 패션 브랜드가 훨씬 많으니, 프리랜서 디자이
너인 제가 잘만 하면 더 많은 제안이 올 수도 있을 거예요. 멀리
보고 10년 더 일하고 싶어서 가요."라고 했거든. 20대 미혼이던
런던 살 때를 떠올리며 같은 유럽이니까 더 많은 기회가 있을 거
라고 생각한 거야.
호기롭게 갔는데 런던에서와 같은 자유는 없었지. 한국에서 잘
하고 있던 일을 멈추고 갔기 때문에 한동안은 남편, 아이 모두
원망스러울 정도로 내 인생이 바닥을 쳤어.
그런데 그 모습이 더 마음 아픈 거야. 내가 내 가족을 원망한다
는 게. 왜 그런 줄 알아? 나는 누구보다 독립적인 선택을 하며
살아온 사람인데 결국 이 독일행이 '내 선택'이 아닌 것처럼 느
껴지더라고. 나는 더 넓은 유럽에서 나의 커리어를 펼치러 왔
다고 생각했지만, 사실은 가족들을 위해 내 경력단절의 위험을
애써 외면해왔던 게 아닐까 하고 말이야.
결국은 답을 찾았지. 내 고립은 소통이나 이웃, 친구의 부재가
아니라 상황 때문에 '나'를 잃어가는 과정에서 왔다는 걸.
그래서 작년부터 '나'를 찾아서 달렸지. 연락을 안 했던 이유는

그거였어. 나 자신과 대화하면서 다시 활력을 얻어보려고. 내가 이 고립에서 벗어나는 길은 내 안에서 대화를 나눌 '나'를 찾는 것밖에 없더라고. '긍정적인 자발적 고립'을 만들어가는 단계랄까?

비슷한 상황에 놓여 있어도, 민경과 은희는 역시 그 해답이 달랐어요. 사람들 속에서 다시 활력을 찾은 민경과 달리 은희는 긍정적이고 자발적인 고립을 선택했지요. 하루에 조금이라도 시간을 내어 자발적으로 나 자신에게 말을 거는 긍정적인 의미의 고립을 스스로에게 선물한 거였어요. 아내도 엄마도 아닌, 나 자신으로요.

몇 주 뒤 한국에 잠시 들른 은희와 서울역의 한 카페에 앉았어요. 자신만의 답을 찾아서 조금씩 걸어 나오는 중이어서일까요? 걱정했던 것만큼 그리 어두워 보이지는 않았어요. 오히려 조금 더 단단해진 느낌까지 들었달까요.

"은희야, 얘기 좀 해봐. '긍정적인 자발적 고립'이 뭐야? 뭘 한 거야?"

"그냥 하루에 잠깐이라도 어떻게든 시간을 내서 '나'랑 대화를 좀 해봤어. 원인을 찾아봤지. 지나간 시간도 쭉 노트에 적어보고 그랬거든? 난 뭘 도전하고 결과를 내면서 삶의 의미를 찾는 사람이거든. 그런데 육아는 내 기준에서 도전이나 성취, 커리어에 포함되지 않더라고. 아이를 아무리 사랑하고 아이와 행복해도 그건 책임감의 영역이었어. 성취랑은 다른 문제였지.

우리 집 상황을 미루어 봤을 때, 독일 주재원이 내 해외 생활의 마지막은 아닐 수도 있겠다 생각했어. 남편이 또 다른 곳으로 얼마든 옮겨 갈 수도 있으니까. 그렇다면 지금의 상황에서 내가 할 수 있는 건 뭘까. 시차, 공간, 사람에 구애받지 않는 일이어야겠구나 싶더라.

"그게 뭐였어?"

패션디자이너로 평생을 일해왔던 은희의 입에서는 정말 의외의 단어가 나왔어요.

"지금도 여전히 찾는 중이긴 한데, 하나 정도는 찾았어. 데이 트레이딩 공부를 하고 있거든. 이건 정말 내가 어디에 살건 할 수 있는 거니까."

"데이… 트레이딩? 그거 단타 같은 거 아니야?"

주식을 한 번도 해본 적 없는 저는 어안이 벙벙해졌어요.

"나 티비에서 본 적 있어. 단타 아줌마라고… 애들 학교 보내고 책상 앞에서 밥 먹으면서 하루 종일 차트 보는 주부 있었는데…. 그 사람 지금 대형 투자 회사 대표 되지 않았나? 너도 설마…?"

은희는 깔깔 웃으며 손사래를 쳤어요.

"야, 그건 아무나 하는 줄 아냐. 그 사람은 특출나게 대단한 사람인 거고. 내가 된다는 보장이 어딨어. 그냥 한 번도 관심 갖지 않은 영역에 관심이 생긴 것 자체가 흥미로운 거지. 마흔 다 되어 가는데도 여전히 내가 새롭게 도전할 게 있구나. 1년만 이거 하나는 죽도록 파보자는 그 목표 설정이 에너지를 주더라고. 시차 때문에 새벽에 일어나서 해야 하거든? 근데도 피곤한 줄을 몰라. 뭔가를 공부하면서 해내고 있으니까 다시 '나'로 사는 시간이 생긴 것 같더라고. 그리고 그 시간들이 나에게 또 하나의 직업을 만들어줄 거라는 생각이 드니까 활력이 생기더라. 오히려 육아할 때 멘탈도 더 안정되고 말이야. '성장하는 나'랑 '엄마로서의 나'가 드디어 공존하게 된 것 같다고나 할까?"

자신이 처한 상황에서 온전히 새로운 시작을 경험하면서, 은희는 언제 어디서든 어떤 상황에서든 '일하는 나'를 놓지 않을 수 있겠다는 자신감이 생겼다고 했어요. 그러고는 말했지요.

"내 생각엔 말이야. 결국 고립은 내가 나한테 귀를 기울이지 않을 때 찾아오는 거더라. 타인과 소통하지 않는 것보다도 정말 나 자신과의 소통이 끊어지는 순간 찾아오더라고. 그래서 이젠 아내로, 주부로, 엄마로 살더라도 항상 나에게 약간은 주파수를 맞춰두기로 했어. 내가 '나'로 사는 감각을 잃지 않아야 세상이랑 계속 연결될 수 있더라고."

마음과 연결되는 연습

리커넥팅 테라피

책 속의 코너 '리커넥팅 테라피'입니다.
2파트부터는 다양한 사례자들의 이야기가 담기는데요.
아마 여러분 또는 여러분 주변의 누군가와
무척 닮은 모습을 발견할 수도 있을 겁니다.
그럴 때 에피소드 말미의
이 '리커넥팅 테라피'를 꼭 함께 읽어보세요.
각각의 케이스에 맞는
마음 회복을 위한 테라피를 추천해드릴게요.

'내 마음 나도 몰라'라는 이야기 종종 들어보셨지요?
제 친구 은희의 에피소드에서처럼, 우리는 살면서 주변 환경과
상황에 의해 나도 모르게 자신을 잃어갈 때가 있습니다.
그렇게 주어진 역할이나 새로운 환경에 적응하느라
정신없이 지내다 보면 어느새 내가 어떤 사람이었는지,
나는 어떤 욕구가 있었는지 잊어갈 때가 많아요.
서서히 신호가 약해지면서 통화 음질이 떨어지듯,
내 마음과도 자꾸 연결하지 않다 보면 결국 안 들릴 수 있지요.
내가 왜 아픈지, 왜 힘든지, 그리고 어떻게 이것을 벗어나야 할지
알아가려면 자신의 마음과도 연결되는 연습이 필요합니다.

이 책에서는 하루 10분 이내로 할 수 있는
가벼운 '리커넥팅 테라피'를 추천해드릴 거예요.
대신 아주 쉬운 것이니까 꾸준히 시도해보는 게 중요합니다.
왜냐고요? 언제든 다시 힘든 순간이 와도 회복할 힘,
'항상성'을 기르기 위해서지요.

마음의 회복과
근육 성장의 공통점

'항상성^{homeostasis}'에 대해 들어본 적 있나요? 항상성은 생명체들의 특성 중 하나인데요. 자신의 최적화 상태를 오랫동안 유지하려는 특성이에요. 날이 더워지면 땀을 흘려서 몸의 체온을 유지하려 한다거나 수분을 너무 많이 섭취하면 혈액의 농도를 유지하기 위해 계속 소변을 본다거나 하는 것들이지요.

또 근육을 키우기 위해 처음 운동할 때 어떤 보이지 않는 벽을 뚫기 굉장히 어려운 이유도 지금의 체형에 머무르고자 하는 항상성 때문입니다. 하지만 반대로, 어느 정도 꾸준히 운동하던 사람이 근육을 잃었을 때 조금만 운동 루틴을 이어가면 금세 근육량이 복구되는 이유 역시 항상성 때문이에요.

예를 들어볼까요? 저는 12년 넘게 헬스를 하고 있는데 몸이 거의 비슷한 상태지요. 처음 시작한 1년 정도 훅 좋아진 그 이후로

11년 정도 제자리걸음이에요. 이것 또한 항상성 때문입니다. 몸에서 자꾸만 지금의 체형이 '정상 상태'라고 받아들여서, 계속 더 성장하지 못하게 붙잡아두는 거지요. 그 한계를 돌파해야만 근 성장이 이루어지지만, 저는 약골이라 자주 아프고 쉽게 다치기 때문에 그냥저냥 이렇게 삽니다.

하지만 이 항상성이 좋은 점도 분명히 있어요. 원체 약골인 저는 자주 관절을 다치거나 소화기 계통 질환이 생기곤 해서 운동을 몇 주에서 몇 달까지도 멈출 때가 잦은데요. 헬스장에 복귀하면 금세 다시 원래의 체형을 되찾습니다. 그 이유도 항상성 때문이지요.

제 몸은 아프기 전까지 운동을 통해 항상 73킬로그램에 골격근량 37킬로그램까지는 유지해왔으니 이게 보통 상태라고 기억하고 있는 거예요. 수년간 유지해왔으니까요. 그렇기에 불가피한 질병으로 골격근량이 33킬로그램, 32킬로그램까지 뚝 떨어졌다가도 헬스장에 복귀하면 37킬로그램까지는 꽤 빠르게 끌어올릴 수 있습니다. 원래 32킬로그램의 골격근량을 가진 사람이 올리는 것보다 몇 곱절은 빠르게 말이지요.

마음의 회복력도 마찬가집니다. 사소하게라도 꾸준히 무언가를 하는 것만으로도 우리는 예전에 잃어버렸다고 생각했던 감각, 활력 그리고 자신의 옛 모습을 되찾을 수 있습니다.

고립된 사람들에게 필요한 것은 엄청난 깨달음을 통해 내일부터 180도 달라지는 천지개벽 같은 변화가 아니라 하루에 10개라도 스쾃을 해서 11개, 12개로 늘려가는 '소소한 연속성'일 거예요.

또한 고립을 아직 겪지 않은 분들도 지금부터 미리 자신의 사회성 근력을 만들어두면, 언젠가 힘든 시기를 겪더라도 조금 더 빠르게 그리고 무사히 세상 속으로 연착륙할 수 있을 겁니다.

제가 헬스장에선 누굴 도와드릴 실력이 전혀 안 되는데요. 마음 근육 벌크업만큼은 자신 있게 도울 수 있어요.

자, 시작해볼까요?

나도 몰랐던 내 상황을 파악하는
'WHY 7 질문법'

친구 은희의 이야기로 돌아가 보면, 그녀가 고립에서 벗어나 자신을 되찾아간 결정적 계기는 타인과의 대화 빈도를 늘렸던 게 아니었어요. 여전히 그녀는 독일에서 시차라는 장벽 때문에 주로 혼자 지내지요.

하지만 자기 자신과의 대화가 잦아지면서 소통의 창구를 자기 안에서 찾을 수 있었습니다. 이것은 고립에서 서서히 걸어 나가기 위해 가장 중요한 첫 단추예요.

뒤이어 몇몇 사례에서 또 설명하겠지만, 나 자신이 왜 고립 상황에 놓였고 어떤 문제 때문에 이런 경험을 하게 되었는지 충분히 이해하고 있는 상태, 즉 '자기 이해' 없이 타인과 아무리 만난들 밑 빠진 독에 물을 붓듯이 공허한 상태에 놓이게 되지요.

이런 자기 이해의 중요성에 대해서 강조했던 전문가 중 미국의 심리학자 하워드 가드너Howard Gardner가 있습니다. 그는 자신에 대한 이해도가 높을수록 자아존중감과 회복탄력성 역시 높아진다고 이야기했습니다. 쉽게 말해서 '내가 이러이러한 이유와 상황으로 고립에 놓였구나'라고 분석하고 이해할 수 있다면, 쉽게 자신을 질책하지 않게 된다는 거예요.

　많은 분들이 이 과정을 거치지 않기 때문에 '나만 너무 나약한가? 난 왜 이럴까?'라고 쉽사리 자책과 자학으로 빠져듭니다. 하지만 내가 어떠한 이유가 있어서 이런 상황에 부닥쳤다는 것을 인지하면, 스스로를 한심한 사람으로 손가락질하는 대신 안쓰럽게 여기고 보듬어주게 되지요. 그리고 해결할 '방법'을 고민하게 됩니다. 자기 학대적인 고민에서 건강한 방향의 고민으로 변모할 수 있는 거예요.

　이렇게 나에 대해 이해하는 방법에는 여러 가지 테라피들이 있지만, 오늘은 아주 간단한 것을 소개할게요. 'WHY 7'이라는 자문자답 질문법인데요. 내가 가지고 있는 고민이나 생각거리를 일단 써 내려간 뒤 "왜WHY?"라고 묻는 거예요. 대신 7번을 반복하는 거죠.

　어떤 느낌인지 감이 안 오신다고요? 왜 우스갯소리로 이런 말이 있잖아요.

　"다섯 살짜리 조카의 연쇄 질문에 답하다 보면 나도 모르게 학문의 본질까지 파헤쳐야 한다."

　우리 주변의 다섯 살짜리 아이를 떠올려보세요. 주변 모든 것에 대해 "왜?"라고 끊임없이 묻지요. 한번 예시를 들어볼까요?

　"삼촌, 실제로 공룡 봤어요?"
　"아니, 못 봤지."
　"왜요?"
　"공룡은 예전에 다 사라졌거든."
　"왜 사라졌는데요?"
　"지구에 운석이 떨어져서 지구가 아파가지고 공룡들이 살기 어려워졌대."
　"운석이 왜 떨어졌는데요?"
　"어, 그게….."

　이런 경우도 있겠지요?

　"삼촌, 왜 가을에는 나뭇잎이 빨간색이 돼요?"
　"어, 그건 단풍이 들어서 그래."
　"단풍이 왜 드는데요?"
　"날씨가 추워져서 그런 거야."
　"날씨는 왜 추워지는데요?"

어쩌면 당신도 경험한 적 있는 이야기

이렇게 가다 보면 우리는 어느새 지구의 공전 주기에 의해 계절이 바뀌는 것까지 설명해야 할지도 모릅니다. 물론 다섯 살 조카에게 일일이 다 설명하지는 못하지만요. 의외로 '왜?'라는 의문이 상황의 본질로 들어가는 가장 좋은 질문법이라는 것은 충분히 알 수 있지요. 뉴턴이나 아르키메데스 같은 과학자들도 '왜 이런 현상이 일어날까?'라는 생각에서 과학의 원리를 발견하기도 했고요.

거기까지 가지 않아도, 심리상담을 받다 보면 상담사 선생님들이 의외로 '해답'보다는 '질문'에 집중한다는 것을 알 수 있습니다. 질문을 통해서 스스로 문제의 본질에 다가가도록 돕는 거지요. 예를 들어 볼까요?

"요즘 아무도 만나고 싶지 않아요."

"왜 그런 마음이 들었을까요?"

"그냥… 뭔가 나만 뒤처진 것 같은 기분이 들어서요. 초라하고….'"

"왜 뒤처졌다는 생각이 드시나요?"

"남들보다 취업도 늦었고. 다들 결혼도 했는데, 뭔가 저는 아직 연애도 못하고….'"

"왜 남들과 비슷한 속도로 살아가는 게 중요하다고 느껴지세요?"

"부모님 영향인 것 같기도 해요. 어릴 때부터 '이제 그 나이 먹었으면' 이런 말을 많이 하셨거든요."

"그런 말을 흘려듣는 자녀분들도 계신데, 사연자님은 왜 그러지 못했을까요?"

"실망시키고 싶지 않다는 마음 때문 같아요."

이런 식으로 대화가 흘러가다 보면 내가 아무도 만나고 싶지 않은 이유는 '누군가를 실망하게 할까 봐'이고, 그 기저에는 '남들 사는 만큼 살아야 한다'는 압박감이 나를 지배하고 있음을 발견하기도 합니다.

여러분도 지금 힘들다는 감정만 느껴지고 이유나 원인을 잘 모르겠다면, 한번쯤 '왜?'를 던져보는 연습을 하는 거예요. 어른인 지금의 나와 모든 게 궁금한 다섯 살짜리의 내가 마주 보고 있다고 생각하고 솔직하게 써 내려가 보는 겁니다.

이 테라피의 이름은 'WHY 7'입니다만 무조건 7번까지 질문하라는 의미는 아니에요. 최대 7번 정도면 내 문제의 본질에 아주 가깝게 다가갈 수 있다는 뜻이기에, 때로 두세 번의 'WHY'로도 충분히 내 문제를 들여다볼 수 있습니다. 그러므로 횟수에 대한 강박 없이 한번 질문을 던져보세요.

그리고 'WHY'가 아닌 'HOW(어떻게)', 'WHEN(언제)'으로 질문을 확장시켜도 좋습니다. 왜 힘든지, 왜 그런 마음이 들었는지, 언제부터인지, 또 어떻게 관점을 바꿀 수 있는지 다양한 질문을 나에게 던져보세요.

　자, 한번 나의 고민에 'WHY'를 던져볼까요?

나의 고민 :

- ⬇

WHY 질문 :

- ⬇

나의 답변 :

- ⬇

WHY 질문 :

- ⬇

나의 답변 :

바로 답변이 떠오르지 않는다면, 하루쯤 묵혀뒀다가 다시 보는 것도 좋아요. 미술이나 문학 작가들은 작품을 한참 써 보았다가 막힐 땐 며칠 뒤에 다시 들여다보면 수정할 부분이 보여서 다시 고쳐나갈 수 있게 되기도 하는데요. 이렇게 예술적 기법인 낯설게 하기Defamiliarization 과정을 심리적으로도 응용해서 적용해보는 겁니다.

04.

**3만 9천 원씩
더치페이하자**

●　　　　　민경과 은희의 이야기를 들으면서 제가 느낀 공
통점은 고립이 단지 '연락할 사람이 없음'만을 의미하는 건 아니
라는 거였어요. '내가 무언가를 하고 있는 사람 또는 할 수 있는
사람'이라는 생각이 상실되어가는 과정에서 고립이 일어날 수도
있다는 걸 알게 됐지요.
　그때쯤 재단의 수연 님에게 연락이 왔어요. 상담소가 준비되
었고, 청년들을 만날 수 있게 되었다고요.

　가장 먼저 만난 건 지희 씨였어요. 스물일곱 살의 지희 씨 역
시 서서히 상실을 느끼고 있는 취업준비생이었어요. 앞의 두 30대

언니들과 달리 그녀는 단절될 커리어조차 없었어요.

저를 만나자마자 꺼낸 첫마디는 이것이었어요.

"저, 정말 간절하게 일하고 싶어요."

아무 사연을 듣지 못했는데도 이미 너무 많은 이야기가 담겨 있음을 눈치챘어요. 하지만 미취업 청년이라고 모두가 고립 청년인 건 아니기 때문에, 지희 씨가 고립 상태에 놓인 또 다른 이유가 있을 거라고 생각했지요.

"친구들은 모두 취업했는데, 지희 씨만 아직 못해서 만남이 꺼려지셨던 걸까요?"

"아니요. 그것보다 더 속상한 건 3만 9천 원이 저한텐 너무 큰데, 친구들에겐 아닐 때였어요."

"3만 9천 원이요?"

"네."

언젠가는 취업할 수 있을 거라고 생각했던 지희 씨는 연이은 취업 실패에 점점 자신감도, 통장의 잔고도 떨어져가고 있었어요. 이렇게 오래 취준생일 거라고 생각조차 하지 못했대요.

맞아요. 전직 인사 담당자인 제 눈에도 지희 씨는 솔직히 충분히 빨리 취업할 사람으로 보였어요. 서울 중상위권 대학을 좋은 학점으로 졸업했고, 동아리 회장과 학생회 총무에 뛰어난 외국어 성적과 다양한 대외활동까지. 취업하기에 크게 부족하지 않았거든요.

하지만 지희 씨의 전공은 관광 관련 분야였고, 공교롭게도 취업을 준비하던 졸업반 시기에 코로나19로 모든 관광 업계의 채용문이 닫혀버렸어요. 처음 1년은 곧 끝나리라 생각해서 기다렸고, 2년 차에는 다른 분야라도 일단 취업하자는 생각으로 채용 시장에 뛰어들었지만 너무 명백히 관광 업계 취준생인 그녀를 받아주는 곳은 없었대요. 면접에서는 "오래 안 다니실 것 같은데…."라는 말이 꼭 나왔고요.

그렇게 한 해, 두 해가 흘러 엔데믹으로 접어들었지만 생각보다 채용문이 활짝 열리지는 않았대요. 그사이 문을 닫은 회사가 너무 많아서 채용할 회사의 수 자체가 줄어들어버렸고, 지희 씨는 '신입이기엔 너무 나이 든' 사람이 되어버린 거예요.

길어진 공백기에 지희 씨가 할 수 있는 건 약간의 아르바이트뿐이었고, 그걸론 월세를 내고 나면 끝이었던지라 어쩔 수 없이 소비를 줄이기 시작했어요. 그사이 친구들은 하나둘씩 취업하면서 다시 모임이 생겨나기 시작했죠. 몇 년 만에 만난 친구들은 예전과 달랐어요. 음식점을 갈 때 가격을 보고 고르던 취준생 때와 달리 이제는 먹고 싶은 것을 먹고, 새로 생긴 곳을 가고, 분위기가 좋은 곳을 찾아냈어요.

삶에서 무언가를 선택하는 기준이 달라진 친구들 사이에서, 지희 씨 혼자 몰래몰래 가격표부터 찾아보곤 했대요. 하지만 "거긴 너무 비싸지 않니?"라고 말하지 못했던 지희 씨는 좀 먼 것 같다, 웨이팅이 길다고 한다, 너무 일찍 문 닫는 거 같아서 우리 대화할 시간이 부족할 것 같다 등 핑계를 대곤 했대요. 하지만 매번 그럴 수는 없는 노릇이었고, 친구들을 만나려면 큰 결심이 필요했대요.

"아, 맛있었다. 우리 N 분의 1 하자. 얼마씩이니?"

"어. 일단 내 카드로 내고 정산할게. 3만 9천5백 원씩인데, 3만 9천 원씩만 줘!"

오백 원의 우수리를 떼어도 지희 씨에겐 너무 큰돈이었습니다. 대략 4만 원이라고 치면 한 달에 두 번씩만 만나도 8만 원. 돈을 아끼려 장을 봐서 밥 해먹는 지희 씨에겐 열흘 치 식비였대요.

대학 동기들, 학생회 임원들, 동아리 친구들에 대외활동 친구들까지… 언제나 사람들 속에서 살아온 지희 씨였던 만큼 모임은 왜 그리도 많던지. 그 수많은 단톡방에서 "이제 우리 만날 때 되지 않았어?"라는 말이 나올 때마다 가슴이 철렁했대요. 그리고 하나둘씩 카톡방에서 유령처럼 말을 줄이기 시작했지요.

어느 날부터 말이 없어진 지희 씨가 신경 쓰였던 걸까요? 가장 친했던 친구 하나가 개인 카톡을 보냈대요.

"지희야, 모임 올 수 있어?"

"모르겠네. 그날 면접 잡힐 수도 있어서…"

"저녁에 면접이 어디 있어. 괜찮아, 나한테는 거짓말하지 않아도 돼."

친구는 아무 말도 없이 5만 원을 송금했대요. 나중에 취업하면 갚으라고, 모임에서 돈 걷을 때 이 돈 내라고요.

여러분은 그 순간 어떤 감정이 들 것 같으세요? 고마움, 미안함, 불편함? 사람마다 다 다르겠지요. 하지만 지희 씨는 그 모든 감정이 뒤섞여 이런 생각이 떠오르더래요.

'혹시 나, 이렇게 평생 도움만 받는 사람이 되는 것은 아닐까'

그리고는 그 길로, 지희 씨는 모두에게 걱정과 폐를 끼치는 존재가 되고 싶지 않아서 서서히 혼자가 되어갔대요.

'평생 도움만 받는 사람'

저는 처음엔 너무 극단적인 생각이라고, 언젠가는 그 시기가 끝날 거라고 확신했지만, 그건 어디까지나 인생의 이런저런 시기를 다 겪어본 마흔의 저니까 할 수 있는 생각이었을 거예요. 단한 번도 취업 시장에서 받아들여지지 않은 지희 씨 입장에선 충분히 그럴 수 있겠다는 생각이 들었어요.

분명 경쟁력 있는 취준생이었던 지희 씨는 어느덧 그 모든 스펙이 무색하리만큼 공백이 긴 사람이 되어 있었고, 어떻게든 먹고 살아보려 다른 분야에 원서를 넣을 때마다 "오래 다닐 분 같지 않은데…"라는 말에 필사적으로 자신을 입증하려 애쓰다가 면접 공포증이 생겨버렸대요.

"저 정말 면접이라는 단계만 건너뛴 채 바로 일을 시작할 수만 있으면, 그러면 정말 어떻게든 필사적으로 열심히 일할 수 있거든요."

제 앞에서는 이렇게 말 잘하는 지희 씨가 면접만 가면 온몸이 덜덜 떨리고, 눈물이 차오른다니 믿을 수가 없었어요. 드라마 〈응답하라 1994〉에서 대학 졸업반이 되자마자 IMF 직격탄을 맞았던 주인공들이 자신의 힘으로 뛰어넘을 수 없는 상황에 무력감을 느꼈듯, 지희 씨가 가고자 하는 분야에서 코로나19는 어쩌면 그 이상의 재앙이었겠지요.

같은 과의 친구 중 몇몇은 다른 분야로 우회해서 취업했다고 하는데, 정작 지희 씨는 '너무 관광 분야에 딱 맞는 스펙을 가져서' 받아들여지지 못했던 걸지도 모르겠어요. 지희 씨에게 필요한 건 관심도, 애정도, 따스한 한마디도 아닌 진짜 '일할 수 있는 기회' 그 자체였지요.

무슨 말을 해야 할지, 어떤 위로를 건네야 할지, 그게 도움이나 될지 한참을 고민하던 저는 조심스레 한마디를 건넸어요.

"평생 도움받는 사람이 되지 않기 위해, 딱 한 번만 제 도움받으실 생각… 있으세요?"

"…어떤 거 말씀이세요?"

"음, 제가 언니 한 명 소개해주고 싶은데."

그렇게 저는 지희 씨에게 민경을 소개했어요. 11년 전에 인사팀을 그만두었던 저와 달리 민경은 인도에 가기 직전까지도 기업 인사팀에서 일하고 있었고, 마침 막 한국에 돌아와 새로운 활력이 필요했던 상황이었거든요. 친화력 만점인 민경이라면, 지희 씨의 마음에 상처가 나지 않는 선에서 그녀를 도울 수 있을 거라 생각했어요.

　그렇게 두 달 뒤, 저는 지희 씨 대신 민경에게 전화를 걸었지요.

　"오빠! 고마워!"

　"뭐가? 내가 고맙지. 지희 씨 잘 도와주고 있고?"

　"어우, 나도 막 살아나는 기분이야. 지희 씨 엄청 늘었어. 볼래?"

　민경이 보내준 모의 면접 동영상 속의 지희 씨는 완벽하진 않지만 분명 나아졌어요. 무엇보다 눈빛이 저와 마주 앉아 대화할 때처럼 고요하고도 진술한 모습이었지요. '그래. 이 모습이라면 내일을 기대할 수 있겠다.' 싶었어요.

　"민경아, 애썼다. 좀만 더 애써줘."

　"애는 무슨. 오빠, 지희 씨도 너무 잘 따라오는 것 같고 나도 코칭을 너무 잘하는 거 같아. 새로운 재능을 발견했다니까? 아예 이참에 면접 컨설팅 회사 차릴까? 인도 아지매의 나마스떼 면접 특강? 어때?"

　깔깔거리며 웃는 민경을 보며, '이 만남은 그녀에게도 새로운 생의 활력을 주었구나. 그래서 더욱 최선을 다하고 있구나.'라고 느껴졌어요. 지희 씨의 달라진 눈빛도, 민경의 한층 높아진 목소리 톤도 아마 '내일이라면 조금 다른 삶이 펼쳐질 거야'라는 기대감 덕분 아닐까요.

성격의 재해석,
달의 뒤편 발견하기

민경이 지희 씨를 만나서 가장 먼저 도움을 주었던 것은 '취업 필승법'이 아니었습니다. '관점의 변화를 위한 테라피'였어요. 제가 민경에게 노하우를 살짝 전해주면서 이것부터 해보면 좋겠다고 부탁했거든요. 지희 씨가 겪고 있는 극도의 긴장 상태는 자기 자신을 경쟁력 없는 존재라고 생각하면서 생겨난 '부정적 자기인식'이기 때문이기에, 먼저 긴장을 좀 덜어내야 할 것 같다고요.

지희 씨의 경우는 관광 업계에만 올인한 스펙이 자신의 삶에 가장 큰 족쇄가 되었다고 생각하는 경향이 짙었어요. 하지만 그 관점을 '한눈팔지 않고 하나를 선택하면 꾸준히 밀어붙이는 근성'으로 인지하게 만들어서, 스스로가 자부심을 가질 수 있게 변화하도록 민경과 저는 이런저런 시도들을 해 나갔습니다.

그런데 이런 관점의 변화는 꾸준히 연습하지 않으면 쉽지 않아요. 여러분도 비슷한 경우가 있지 않나요? 나의 어떤 특성 하나가 단점 같다고 인식되어 뇌리에 탁 꽂히면 그것만 보이는 거죠. 그리고 그 단점이 내 삶의 모든 문제를 일으키는 원인처럼 느껴지는 거예요. '내가 너무 산만한가?', '내가 너무 나대나?', '내가 너무 사교성이 없나?' 자신의 성격적 특성 중 하나를 부정적으로 해석하면, 그것은 고쳐야 하고 없애야 할 '문제'처럼 느껴집니다.

그런 분들께 일상에서 시간을 많이 들이지 않고 꾸준히 연습할 수 있는 '관점 변화 테라피' 하나를 소개할까 합니다.

저의 오랜 명상 친구들인 '모닝 프렌즈'와 함께 만든 방법인데요. 모닝 프렌즈는 아침에 줌 화상회의로 만나 함께 명상하는 모임이에요. 제가 주인장으로 있지요. 작년 봄, 아침잠이 너무 많은 제가 석 달을 넘게 점심시간 이후에 일어나더니 점점 기상 시간이 오후 서너 시쯤으로까지 밀리는 걸 보면서 이대로는 안 되겠다 싶어 만들었어요. 처음에는 친구와 지인을 SNS로 모아서 시작했는데, 지금은 처음 보는 분들까지 다양하게 함께하고 있어요. 주로 출근이 일정치 않은 프리랜서, 예술가, 강사분들이 많지요.

그래서일까요? 대부분 일정하지 않은 일과 수입 때문에 불안감을 일정량 가지고 있기에 오히려 마음을 다스리는 여러 가지 방법을 배우고 있었어요. 가끔 오프라인으로 만나면 각자가 배운 방법들을 공유하곤 했지요.

얼마 전에는 제 노하우를 전하는 순서였는데요. 당시 저의 고민은 '내가 내 성격의 부정적인 면만 너무 부각해서 보는 것 같다'였어요. 그래서 재미있는 롤링 페이퍼를 하나 구상했지요. 사람들에게 엽서 하나씩을 나누어주며 말했어요.

"이제부터 각자 자기 성격의 아쉬운 점, 고치고 싶은 점을 하나씩 써볼게요."

저는 '불안이 높음'을 썼지요. 다른 친구들은 '남의 눈치를 봄', '너무 성격이 급함', '생각이 많음' 등을 썼어요. 다 쓰고 나서 어떻게 했냐고요? 자기 엽서를 옆 사람에 넘겼어요.

"이제 엽서를 쭉 옆으로 돌리면서 다른 분 엽서에 하나씩 써줄 거예요."

"뭘요, 재열 님?"

"그 사람이 쓴 자기 성격의 아쉬운 점 있죠? 그걸 긍정적인 의미로 재해석할 거예요. 만약 '너무 깐깐함'이라고 적혀있다면, '일을 허투루 하지 않을 것 같다', '믿고 맡길 수 있는 동료일 것 같다' 등으로 그 특성에 긍정적인 의미를 부여해보는 거예요."

사람들은 재미있어하며 엽서를 옆으로 돌렸어요. 저도 하나씩 받을 때마다 정성껏 썼지요. '생각이 많음'이라고 쓴 분에게는 '창작자에게는 제일 부러운 능력!'이라고 썼고요. '남의 눈치를 봄'이라고 쓰신 분께는 '그렇기 때문에 쉽사리 말과 행동으로 타인에게 상처를 주지는 않을 것 같아요!'라고 썼지요.

그렇게 다른 사람 엽서에 열심히 릴레이를 이어가다 보니, 금세 제 엽서가 돌아왔어요. 한 바퀴를 다 돈 거지요. '불안이 높음'이라고 쓴 저의 엽서에는 다른 분들이 이런 재해석을 달아주었어요.

그래서 재열 님이 다른 사람들의 마음을 공감할 수 있다.
미리 예방하고 준비하는 능력이 탁월하다고 생각했다.
준비성이 철저하다고 느꼈다(이거 때문이 아니고 진짜로요).
불안함이 없으면 양심을 거스르는 행동도 하게 되는데, 그러지 않을 것 같아요.
위험으로부터 자신을 지키려는 마음.
언제나 최악을 생각하기 때문에 현실은 항상 우려보다 나은 결과가 나온다.

엽서에 쓴 내용들을 보며, '내가 가진 불안이 이렇게 또 다른 강점이 되어 나를 구성하고 있구나'라고 느꼈어요. 나라는 사람이 가진 특성의 뒷면을 본 기분이랄까요. 내가 봐주지 않았을 뿐, 언제나 그 특성은 그 자리에 있었을 거예요. 달의 뒤편을 눈으로 절대 볼 수 없다고 해서 그것이 존재하지 않는 것이 아니듯 말이에요. 내가 가진 하나의 특성이 오로지 부정적이고 불편하게만 느껴져도, 그것이 나를 지켜주며 도와주는 부분도 분명히 있다는 거죠.

생각해보면 불안함이 있기 때문에 커리어가 순항을 한 때도 늘 행동을 조심할 수 있었고, 사람들에게 폐가 되는 행동을 하지 않으려 노력할 수 있었지요. 마냥 선량함만으로는 할 수 없었던 것들도 있었거든요.

예를 들어 제가 강연이나 책에 쓴 내용은 어떻게든 스스로도 실천하고 행동으로 옮기려 했어요. '나중에 저 작가는 자기가 책에 쓴 말을 자기도 안 지킨다고 하면 어쩌지'라는 생각에 스스로를 일상에서 항상 돌보게 되고, 사람들에게 마음의 안정을 강조하는 만큼 나 자신도 늘 안정될 수 있도록 스스로를 최우선으로 보살피기 시작했어요.

그렇게 서서히 언행일치를 하는 사람으로 독자와 대중에게 신뢰를 줄 수 있었던 건 제가 좋은 사람이냐 아니냐보다, 솔직히 자기 말을 지키지 못하고 실체가 드러나서 한순간에 커리어가 무너져버린 사람들을 보며 느낀 불안함이 더 클 거예요. 그것이 저의 삶을 검열하고, 또 자신의 마음가짐과 행동을 조심하게 만들어주고, 어느덧 그 시간이 길어지면서 저 자신도 긍정적인 방향으로 나아가고 있음을 느끼게 되었지요.

여러분은 어떠세요? 내가 가장 싫어하거나 없애고 싶은 나의 모습이 있나요? 한번 그 특성에 대해 새로운 해석을 달아보세요. 처음엔 어려워도 매일 1분씩이라도 시간을 들여 그 단어를 바라보고, 곱씹다 보면 새로운 해석이 시작될 거예요.

종이 위에 내가 단점(또는 약점)이라고 생각한 나의 특성을 적어봅시다.

> 단점이라고 생각한 내 특성

이제 이 특성이 '쓸모 있는 순간'을 생각해 보는 거예요. 앞서 저의 예시처럼 여러분도 자신의 약점을 가만히 바라보세요. 그리고 떠오르는 대로 긍정 해석을 붙여보는 겁니다. 적으면서 스스로 납득까지는 되지 않아도 괜찮아요. 인지하고 그것을 마음 깊이 받아들이는 데는 조금 시간이 필요하거든요. 일단 시각적으로 인지할 수 있도록 종이 위에 써 놓고, 계속 바라보면서 스스로에게 받아들일 시간을 주는 겁니다.

내 특성의 긍정적인 면

❶

❷

❸

❹

❺

이 페이지에 직접 적어도 좋고요. 엽서나 포스트잇 같은 작은 종이를 활용해도 좋습니다. 전 모닝 프렌즈들이 엽서에 적어준 그 대로 저희 집 거울에 붙여두었어요. 매일 머리를 말리면서, 선크

림을 바르면서 그것을 보다 보니 스스로 받아들이는 자연스러운 습관으로 자리 잡았지요. '아, 나는 불안감이 높지만, 그로 인해서 분명히 많은 위험을 예방하는 사람이구나'라는 것을 이제는 조금씩 받아들일 수 있게 되었다고 할까요?

만약 혼자 힘으로 떠올리기 어렵다면 인터넷에 검색해 보아도 좋아요. 여러분은 모닝 프렌즈 대신 네티즌 프렌즈 찬스를 쓰는 거죠!

불안감의 장점	Q
내향인의 장점	Q
급한 성격의 장점	Q

이렇게 검색해보세요. 여러분의 성격을 재해석하는 데 도움 될 만한 심리학자, 코칭 전문가, 정신건강의학과 전문의들이 쓴 글들을 살펴볼 수 있을 거예요.

한번 해 볼까요?

05.

이것도 못 버티면
아무것도 못할까 봐

●   지희 씨처럼 일할 기회가 주어지지 않는 상황보다 상담하기 훨씬 더 어려운 상황은 따로 있어요. 어렵사리 들어간 직장에서 스스로 나온 뒤 다시 도전할 힘을 상실해버린 사람들이에요.

'나에겐 한 번도 일할 기회가 없었다'는 감각보다는 '일할 기회가 있었지만 나는 완벽하게 실패했다'는 감각이 외상 후 스트레스 장애PTSD처럼 각인되면, 더욱 넘어서기 어려운 게 사실이거든요. 그리고 일터에서 겪은 강력한 상처일수록 단지 일 자체에만 지장을 주는 것이 아니라 삶의 모든 영역으로 번지기 쉽고, 자연스레 고립을 선택하는 결과로 이어지게 됩니다.

회사 복도에서 무릎을 꿇었던 경훈 씨가 바로 그런 케이스였지요. 세상에, 무릎을 꿇었어요. 21세기에요. 여러분은 믿어지세요?

저는 믿어져요. 가스라이팅에 너무 오래 절여지면, 멀쩡하던 사람도 충분히 그렇게 될 수 있으니까요. 절대 이상하게 보지 않는다고 말하는 저에게 경훈 씨는 '재열 님은 어쩌면 그렇게 생각해줄 것 같아서 처음으로 털어놓는 거'라고 했어요.

그럴 만하다고 생각했어요. 누군가는 경훈 씨의 사연을 듣는 순간 '너도 문제 있는 것 아니야? 거기서 무릎을 꿇으란다고 꿇어?'라고 생각할 수도 있으니까요.

가스라이팅이 진짜 무서운 이유가 뭔지 아세요? 사람의 판단력을 상실하게 만들어 안 하던 짓을 하게 만드는 것도 무섭지만, 진짜 무서운 건 가스라이팅 피해자를 바라보는 우리의 시선 역시 곱지 않다는 거예요. '너도 이상하니까 그런 걸 시키는 대로 하는 것 아니야?'라고 쉽사리 생각해버리는 거죠.

"왜 저는 이해해줄 거라고 생각했어요?"

"재열 님 책을 봤어요. 그런데 거기에 우울증 환자에 대해서 대변하시는 챕터가 있었어요."

"아, 약봉지 뜯는 거?"

"네, 맞아요."

어떤 내용이냐고요? 간략하게만 설명해 드릴게요. 한 우울증 환자의 경험담에서 발췌한 내용인데요. 보통의 사람들은 약봉지를 뜯을 때 잘 안 되면 '어, 약봉지가 잘 뜯어지지 않네'라고 생각하고 바로 가위를 가져옵니다. 하지만 우울증이 아주 심각한 상태의 환자들은 계속 손으로 뜯으며 시도해요. 그리곤 생각하죠. '안 되네, 역시 안 되네. 나는 약봉지 하나 뜯는 이 간단한 것조차 안 되네.'로 흘러가는 겁니다. 잘 안 뜯어지는 약봉지 하나가 아니라 생에서 겪어온 무수히 많은 실패의 연장선으로 느껴지기 때문이에요.

정신건강의학과 전문의 선생님조차 그 메시지를 인용하며, 우울증을 한 번도 경험해보지 못한 분들이 이런 생각의 흐름을 함부로 판단하고 비판하지 않았으면 좋겠다고 말씀하신 적도 있었지요. 꽤 많은 독자들이 그 구절을 읽고 상당한 충격에 휩싸였다고 해요. '그렇게 생각할 수 있구나. 그럴 수도 있구나.'라고요.

그렇습니다. 그럴 수도 있습니다. 왜냐하면 이미 인지적인 능력이 저하되는 변화를 경험한 사람에게 '생각을 고쳐먹어'라는 말은, 팔이 빠진 사람에게 '멀쩡한 반대쪽 팔로 붙잡고 뼈를 맞춰'라는 말과도 다르지 않거든요. 의사를 만나야 할 '환자'임에도 마음은 눈에 보이지 않아서 골절이나 염증처럼 심각하게 받아들여지지 못하는 겁니다.

가스라이팅 피해자 역시 그런 연장선상에 있지요. 경훈 씨도 그럴 만했어요. 경훈 씨네 회사는 스타트업이었는데, 대표는 그

분야에서 유명한 사람이었습니다. 전혀 관련 없는 분야에 있는 저도 이름을 듣자마자 누군지 알 정도였으니까요. 사회초년생이던 경훈 씨는 그 대표의 강연을 듣고 자신의 롤 모델이 될 사람을 찾았다 생각했대요. 그래서 당시 채용하지 않고 있던 회사에 장문의 메일을 보내면서, 무엇이든 맡겨만 주면 해내겠다고 말했대요.

거기까지 듣고, 저는 머리가 아찔해졌어요.

"정말 무엇이든 하겠다고 했더니, 무엇이든 시켜 먹던가요?"

"네."

아…. 뭔지 알겠다 싶더군요. 저도 이런 메일을 왕왕 받곤 했으니까요. 특히 TV 특강 쇼에 출연하고 난 다음엔 2~3주 가까이 이런 메일이 속출했지요. 강연에서 제가 대표로 있던 비영리단체에 대해 소개하면, 이런 내용의 메일들이 와요.

사람들을 돕고 싶다는 꿈을 막연하게만 갖고 있었는데, 장재열 대표님이 하시는 그 일이 바로 제가 원하던 구체적인 모습임을 깨달았습니다. 월급을 주지 않으셔도 되고, 운전만 해도 되고, 걸레질만 해도 되니까, 딱 한 번 사무실에 면접만이라도 볼 수 있게 불러주실 수 없을까요?

걸레질만 해도 되고, 월급을 안 받아도 된다…. 만약 제가 조금 뻔뻔하고 못된 대표였다면 얼마나 편한 인력 공급일까요? 하지만 저는 그럴 위인이 못 됐어요. 대신 이렇게 답장을 보냈지요.

안녕하세요. 장재열입니다. 정말 고마워요. 제가 하는 일을 꿈이라고, 멋진 일이라고 말해줘서요. 그런데 미안하지만 오늘은 쓴소리를 좀 할게요.

제가 인생의 롤 모델이라는 분이, 어째서 저희 사무실에 면접을 보러 온다고 말씀하시죠? 저희는 사무실 없이 모두 각자의 공간에서 재택근무한다는 내용을 강연에서도 말했는데요. 그리고 월급이 없어도 된다고 하셨지만, 저희는 원래 모두가 각자의 직업을 가지고 저녁 시간과 주말을 이용해 자원봉사 하는 팀이에요. 대표인 저까지도 급여가 없는걸요. 그리고 사무실이 없으니 걸레질할 곳도 없죠.

저는 의아합니다. 정말로 꿈이고 롤 모델이라면 TV 강연만 자세히 들었어도, 몇 번 더 검색해서 제 인터뷰만 정독했어도 알 만한 정보조차 어째서 전혀 모르시는 걸까요.

질타하는 것은 아닙니다. 다만 그렇게 쉽게 인생의 롤 모델을 정하지 말라고 말씀드리고 싶어요. 그리고 쉽게 '무급', '허드렛일'을 언급하지 않았으면 좋겠어요. 세상에는 자신의 가치를 그렇게까지 낮춘다고 감동하는 대표님들도 있겠지만, 그걸 악용하는 대표님들도 무척 많아요.

저는 당신이 하고 싶었던 일을 먼저 하고 있는 사람일 뿐 롤 모델이 아닙니다. 그리고 당신 부모님의 귀한 자녀인 당신 스스로를 무급에 허드렛일해도 괜찮은 사람으로 폄하하지 마세요. 이런 케이스들이 쌓이고 쌓이면 간절한 청년들은 함부로 써도 된다는 문화가 생겨요. 그러면 당신의 후배들, 동생들은 더욱더 블랙 기업에 노출될 거고요. 그런 사람들이 병들고 지쳐서 또다시 저 같은 상담가들을 찾아오겠죠. 그 악순환을 만들지 마세요. 그 어떤 곳에서도 근로자로서의 최소한을 지키길 바랍니다. 진심으로 부탁합니다.

그렇게 매번 간절함과 근로기준법 위반을 착각하는 청년들을 돌려보냈지만, 그렇지 않은 대표들도 분명 있습니다. 제가 너무 선량한 사람이라서일까요? 저는 '적어도 오래 살아남기 위해선 사회면에 실릴 짓은 하지 말아야 한다'는 최소한의 현실감각이 있는 사람인 거고, 경훈 씨네 대표는 자수성가에 취해 자신은 뭔 짓을 해도 망하지 않을 거라고 낙관하는 사람이라는 차이일 수도 있겠네요.

어쨌든 그 대표는 무엇이든 한다고 제 발로 걸어 들어온 경훈 씨에게 정말 무엇이든 시켰대요. 임금도 터무니없이 적었고, 유독 경훈 씨에게는 함부로 대했다더군요.

"뭐든 할 수 있다며? 뭐든? 근데 X발, 기본도 못하냐? 이 XX

새끼야."

사람들이 다 보는 앞에서 저 정도의 막말은 기본이었고, 이미 퇴근하고 집에 있는 경훈 씨에게 만취한 자기를 태우러 오라질 않나 본인의 '업무 외 활동'인 대학 토크콘서트에 운전기사로 동원하는 것도 서슴지 않았대요. 물론 그렇게 장거리 운전을 한다고 해서 업무가 줄지 않았으니, 밤 10시에도 사무실에 돌아와 일하다가 새벽 2~3시에 퇴근하곤 했지요.

대표는 전형적으로 '한 명을 찍어놓고 묵사발 만드는' 타입이었대요. 시범 케이스를 하나 만들어서 사내에 공포 분위기를 조장하고, 그걸로 여론을 잠재우는 아주 시대착오적인 타입이었지요.

얼마나 지독했냐면 퇴사자가 기업 평가 사이트에 대표의 만행을 올렸더니, 누군지 끝끝내 찾아내서 소송을 걸었다고 해요. 그리고 언제나 "이 바닥에서 내가 모르는 대표들이 없고, 여기서 곱게 못 나가면 어디서도 발붙일 데 없다."라고 공공연히 말해온 거죠.

사회초년생인 경훈 씨는 당연히 그 말을 믿었고요. 그렇게 시범타자로 매일 괴롭힘을 당하던 경훈 씨를 회사 복도에 무릎 꿇리던 날, 아이러니하게도 경훈 씨를 제외한 대부분의 팀원이 퇴사했대요. 정작 경훈 씨는 그 뒤로도 두 달이나 더 다녔고요.

"아니. 그 꼴을 보고 다른 사람들조차 기겁하고 퇴사했는데,

왜 본인은…"

"여기서도 못 버티면 어딜 가서도 못 버틸까 봐서요."

"뭔 말도 안 되는 소리예요! 거기서는 당연히 사람이 못 버티지! 아니, 김 대표 이 망할 놈은 사람을 어디까지 가스라이팅해 놓은 거야. 진짜 내가 꼭지가 도네!"

답답한 마음으로 저는 끊었던 담배까지 피워 물며 옥상에서 한참을 앉아 있었습니다. 저 청년이 다시 일할 수 있을까. 저 말도 안 되는 자기 학대를 어떻게 그치게 할 수 있을까.

이미 그 대표의 만행은 업계에 다 드러나서 회사는 문을 닫았습니다. 더 이상 방송에서도 불러주지 않는 그의 허접함이 세상천지에 다 드러났는데도 경훈 씨는 어째서 아직 그의 마수에서 벗어나지 못하고 있는 걸까요.

하지만 경훈 씨는 그가 망해서 더욱 자신이 수치스럽고 한심하다고 말했습니다. 그토록 부풀려진 허상뿐인 사람에게 젊음과 시간을 다 바치고도 잘못된 줄을 몰랐던 자신의 멍청한 판단력에, 더 이상 자신의 어떤 선택도 믿지 못하겠다고요. 경훈 씨의 손을 꼭 잡고 말했습니다.

"경훈 씨. 그럴 수 있겠어요. 충분히요. 하지만 수치스러움을 느낀다는 건 과거에는 부끄러운 줄도 몰랐던 일을 부끄러워하고 어리석은 판단인지도 몰랐던 선택을 어리석다고 느낄 수 있게 된 거예요. 비록 값을 너무 많이 치렀지만, 그래도 한 걸음 나아갔다는 증거예요."

그리고는 대표의 사내폭력이라는 비슷한 경험을 가지고 있지만, 그 경험을 딛고 일어나 자신만의 길을 찾은 제 기억 속의 많은 사례자의 이야기를 들려주었습니다.

심지어 갑질하던 대표보다 같은 업계의 더 큰 회사 대표가 된 청년도 있었어요. 물론 자신의 아픔을 토대로 칼같이 직원들의 급여와 복리후생, 조직문화를 챙기기까지 하면서요.

경훈 씨는 딴 세상 이야기처럼 입을 벌리고 들었어요.

"저도 그렇게 될 수 있을까요?"

저는 답 대신 눈앞에 있는 포스트잇을 한 장 뜯어 이렇게 농담 섞인 한마디를 적어주었습니다.

자신을 믿기 어렵다면, 그전까진 잠시 믿을 만한 사람을 믿어봐요. 적어도 자기 업보 때문에 망해버린 김 대표보단 아직은 살아남은 장 대표의 말을 믿는 게 낫지 않을까요?

경훈 님은 꼭 다시 일어날 수 있어요. 그리고 그때가 되면, 이 포스트잇도 구겨서 휴지통에 던져버려요! 나도, 누구도 믿지 말고 오로지 자기만을 믿는 거예요!

남들도 다 이렇게 산다고,
뒤처져선 안 된다고,
자신의 목소리를 외면하고 있진 않나요?

내게 귀 기울이지 않는 순간,
고립이 나를 찾아올 수 있습니다。

불안에 압도되지 않는 '망할 확률 계산하기'

경훈 씨와 같이 가스라이팅을 당하는 분들이 그 상황에서 벗어나지 못하는 가장 큰 이유는 '불안' 때문입니다. 과도하게 높아진 불안감으로 인해서 이 상황을 벗어나면 더 위험한 상황이 펼쳐질지 모른다고 생각하기 때문에, 그나마 여기에서 겪는 고통이 덜한 축에 속할 거라고 착각을 일으키는 거지요.

물론 경훈 씨는 이 상황에서 벗어난 뒤 저를 만났습니다만 이런 상황 한가운데 있는 분들을 만나면 그 '과도하게 큰 불안의 허상'을 어떻게 벗어나게 도울지 늘 막막했어요. 이렇게 제가 아는 지식이나 경험만으로 대처할 수 없을 때, 저는 또 다른 전문가 선생님들에게 도움을 청합니다.

그중에서도 최근 몇 년간 가장 든든한 우군이 되어준 사람 중 한 명이 김지용 정신건강의학과 전문의인데요. 김 선생님은 제가 처음으로 사귄 '또래 정신건강의학과 의사 친구'예요. 아마 여러분은 예능 프로그램 〈유 퀴즈 온 더 블럭〉에 출연한 정신건강의학과 전문의 또는 유튜브 채널 〈정신과의사 뇌부자들〉의 진행자라고 하면 얼굴이 떠오를 수도 있겠네요.

저는 서른 살부터 상담가로 미디어에 출연하곤 했는데, 그때는 같이 출연해서 인사를 나누는 정신건강의학과 전문의 선생님들이 다 어른들이셨어요. 그도 그럴 것이, 제 나이의 의사분들은 아직 레지던트를 하거나 공중보건의를 할 나이였잖아요. 그런데 30대 후반에 접어들자 또래 정신건강의학과 전문의 선생님들도 점차 출연하기 시작했어요. 김지용 선생님도 그중 하나였지요.

'청년의 상처'를 주제로 한 EBS TV 특강 프로그램에 세 명의 강연자가 나란히 함께했던 기억이 나요. 아마 5년도 더 전인 것 같은데요. 정신건강의학과 전문의 선생님 한 분, 교육 평론가 선생님 한 분이 오신다기에 여느 때처럼 생각했지요.

'아, 내가 막내이자 청년 당사자 역할로 섭외됐구나. 다 어른들이시네. 강연 내용 겹치지 않게 내가 청년의 입장을 대변하는 주제로 준비하면 되겠다.'

근데 대기실에 가보니까 저보다 더 젊어보이는 청년이 앉아 있는 거예요. 처음에는 'PD님인가?' 했는데 이분이 정신건강의학과 의사 선생님이래요. 깜짝 놀랐지요. 근데 곰곰이 생각해보니 이제 내가 그런 나이가 됐구나 싶더라고요.

우리는 반갑게 인사를 나누고 이내 수다를 떨었어요. 김지용 선생님도 당시에는 막 방송 출연을 시작할 때라 또래가 반가우셨던 것 같아요(김지용 선생님 입장도 들어보긴 해야겠지만요). 사실은 제가 먼저 적극적으로 친해져야겠다고 생각했을지도요.

앞서 말했듯 상담하다가 '이분은 더 전문가에게 연결해줘야 해'라거나 '나보다는 더 많은 연구를 한 분의 지혜가 필요해'라고 생각할 때가 종종 있거든요. 심리상담사 선생님들은 많이 알고 있지만, 정신건강의학과 의사 선생님들은 연배가 많으신 대학 교수님들이셔서 선뜻 연락드리기 어려웠거든요. 그런데 제 앞에 친구 해도 될 것 같은 의사 선생님이 나타난 거죠. 와, 얼마나 반갑던지요.

잠깐 이어졌다 흐지부지되는 인연이었을 수도 있는데요. 얼마 지나지 않아 코로나19가 유행하기 시작하면서, 저는 시민들의 코로나 블루를 예방하기 위한 '서울시 마음건강 박람회'의 총감독으로 선임됐어요. 행사의 기획자는 처음 해보는 거라 허둥지둥하고 있을 때, 선생님의 도움을 얼마나 많이 받았는지 몰라요. 늘 고마웠죠.

의사로만 살아도 되는데 사람들에게 정신건강의학에 대한 정보를 전해야겠다는 생각으로 굳이 시간을 쪼개서 유튜브와 팟캐스트를 하는 그의 가치관을 미루어봤을 때 말이죠. 어쩌면 "고민을 숨기지 마세요! 상담받는 건 부끄러운 일이 아니에요!"라고 2010년대부터 꾸준히 외치던 저에게 약간의 동지애를 느꼈을 수도 있겠죠.

어쨌든 이후로 꾸준히 저의 '정신건강의학 지식 선생님'이 되어준 그에게 이번에도 SOS를 보냈습니다. 불안해서, 더 상황이 나빠질 것 같아서 자꾸만 그 자리에 머무르려는 사람들에게 가장 직관적으로 도움이 되는 방법은 뭘까 궁금했어요.

그가 가장 편하게 대화할 수 있는 점심시간에 병원으로 찾아갔지요.

"선생님, 그러니까 불안을 내려놓을 수 있는 가장 직관적인 방법이 뭐예요?"

"직관적인?"

"네, 진짜 딱 직관적으로요. 그리고 혼자서도 해볼 수 있어야 하고요. 쉬워야 해요."

"그럼 그거 좋겠네. 망할 확률 계산하기."

"그게 뭐예요?"

"저는 진료실에서 너무 불안이 높은 환자를 만나면, 종이 한 장 탁 주거든요? 여기에 당신이 생각하는 망할 확률을 하나씩 써보자고요. 자, 회사가 문 닫을 확률 몇 퍼센트로 보는가? 만약 당신이 해고됐을 때 재취업할 수 있는 확률은 몇 퍼센트로 보는가? 뭐 이런 식으로 하나하나 확률을 계산해보고, 결과적으로 당신이 생각하는 최악의 시나리오가 일어날 확률은 몇 퍼센트인지 직접 계산해보라고 해요."

여러분은 '망할 확률 계산하기'라는 이 기법을 들어보셨나요?

저는 처음 들어봤는데, 의외로 임상에서 많이 쓰는 기법이래요. 종이 위에 내가 생각하는 불안 요소가 실제로 일어날 확률을 적어보는 거죠.

저도 집에 와서 한번 써보려니까 일단 내가 가장 불안해하는 것이 어떤 것인지 구체적이고 명확하지 않으면 안 되더라고요. 막연하게 '미래가 불안해'라는 생각은 항목화해서 수치를 내볼 수 없었어요. 그러니까 대부분의 고민이 너무 구체적이지 않았다는 것을 깨닫게 되더라고요.

그리고 또 일부는 확률을 계산해보려니까 '그때가 되어보지 않으면 아예 모르겠어서 확률을 계산할 수 없다'는 판단에 도달했어요. '어? 그럼 지금 고민을 해봤자 의미가 없잖아?'라는 생각으로 이어졌지요.

결국 망할 확률 계산하기는 진짜 확률을 계산한다기보다도 그 과정에서 내가 느끼는 불안이 얼마나 '두루뭉술'하고, '지금은 그 답을 내릴 수 없는 것'인지 직면하게 하는 과정이었습니다.

여러분은 어떠세요? 지금 가지고 있는 그 불안 말이에요. A4 용지 위에 하나하나 항목화해서 확률을 계산할 수 있을까요? 그렇다면 최악의 시나리오가 일어날 확률은 몇 퍼센트인가요? 일단 걱정하고 불안해하려면 그것부터 명확하게 하자고요. 아마도 지금의 고통보다 미래의 불안이 덜 무겁게 느껴지는 순간, 현재에서 벗어날 용기가 살포시 생겨날지도 모릅니다.

자, 여러분도 한번 써볼까요?

내가 걱정하는 상황 ❶

확률 :

└, 근거 :

내가 걱정하는 상황 ❷

확률 :

└, 근거 :

내가 걱정하는 상황 ❸

확률 :

└, 근거 :

❶❷❸을 모두 곱한 '진짜 망할 확률' :

06.

**링거를 맞으면서도
기어코 헬스장에 갔던 이유**

●   폭력적인 상황에 대한 이야기가 나온 김에 회사에서보다 더 오래 지속되고 벗어나기 어려운 폭력에 대한 이야기도 다루어볼까 해요. 바로 가정폭력이지요. 상담하다 보면 참 다양한 종류의 폭력을 만납니다. 그중에서도 가정폭력은 제가 가장 힘들어하는 사연 중 하나예요.

    누군가가 저에게 "다른 사람 고민 들어주는 거 힘들지 않아?"라고 물으면 항상 이렇게 답하곤 해요. "나는 의외로 역전이(상담자가 상대방의 감정에 전이되어 힘들어하는 상태)가 없는 타입이더라고. 그 상황에 몰입은 하는데, 대화가 끝나면 빠르게 내 일상으로 돌아와. 그래서 괜찮아."라고요.

하지만 그게 잘 안 될 때가 바로 가정폭력 사연을 접했을 때입니다. 저는 어린 시절 사고로 동생을 잃은 경험이 있어서 어린이나 동물 같은 약한 존재에 대해서만큼은 한없이 약해지거든요. 사연을 들으면서 내 눈앞에 있는 사람의 어린 시절이 연상되면, 그리고 그 어린아이가 무한한 공포에 노출되어 저항하지도 도망치지도 못했던 상황이 떠오르면 저도 모르게 울컥하고 눈물 날 때가 있어요.

정혁 씨도 저를 울게 만든 사람 중 하나예요. 처음 정혁 씨를 마주했을 때는 이 사람이 고립을 경험하고 있다는 게 믿어지지 않았어요. 구릿빛 피부에 큰 키, 건장한 체격이 누가 봐도 활력 있어 보이는 청년이었거든요.

"와, 운동 오래 하셨나 본데요? 장난 아니다."

"한 5년 됐어요."

"와. 저는 10년 넘게 해도 설렁설렁해서 몸이 이 모양인데…."

"주 7일 운동하니까요."

"에? 주 7일이요? 1년 365일이요?"

"네, 웨이트는 6일 하고 하루는 유산소만 하고."

"몸이 아프면요?"

"그래도 가요. 사실 너무 강박적으로 가는 것 같아서 그게 고민이에요."

정혁 씨는 몸살이 나든 허리에 무리가 오든 비가 오든 눈이 오든 태풍이 몰아치든 운동을 한대요. 처음에는 그저 운동을 진심으로 좋아하는 줄 알았는데, 이야기를 듣다 보니 그게 아니었어요. 하루라도 안 가면 자신을 심각하리만큼 몰아세우고 있더라고요. 왜 그렇게까지 운동에 강박을 갖는 걸까.

저는 이유를 알 것도 같았어요. 정혁 씨가 처음은 아니었거든요.

"저… 혹시 어린 시절에 가정 분위기는 어떠셨는지 들려주실 수 있어요?"

"맨날 맞았죠, 뭐."

"주로 그 주체는 아버지였고요?"

"네. 잘 아시네요."

"종종 뵈었거든요. 정혁 씨와 비슷한 분들을요."

정혁 씨의 아버지는 외도를 주체할 수 없는 성향이었대요. 어머니가 외도의 흔적을 발견하고 따지기 시작했을 때 폭력도 시작되었고요. 어린 시절에는 어머니만 때렸지만, 초등학교 고학년 시절 아버지를 말리기 시작했던 날부터 정혁 씨도 폭력의 대상이 되었대요.

어떤 날은 멀쩡하게 웃음을 지으면서 꽃다발이며 장신구를 사와 어머니에게 안겨주고, 어느 날은 눈이 시뻘게진 채로 어머니를 때리고 소리를 질렀지요. 정혁 씨는 도망치고 싶었지만 어머니가 큰일 날까 봐, 혹시 쓰러지면 자신이라도 119를 불러야 할까 봐 집에서 벗어나지 못했대요.

그렇게 아버지의 귀가와 함께 초인종이 울리면 허허실실 선물을 안길지, 다짜고짜 골프채를 집어 들지 모르는 상황 속에서 모자는 수년간 지옥 같은 시간을 버텨냈지요.

그러던 어느 날 어머니가 이대로는 안 되겠다고 결심했는지 초인종이 울리는 순간 벌벌 떨리는 손으로 앞치마에 과도를 집어넣으며 정혁 씨를 방으로 밀어 넣었대요. 그날 어머니는 아버지의 폭력에 실신하고 말았다지요.

중학생이 되고, 아버지와 키가 비슷해질 때쯤부터 정혁 씨는 체육관에 다니기 시작했대요. 시작은 복싱이었요. 그다음은 주짓수, 그다음은 헬스까지 끝없이 운동에 매달린 거예요. 오로지 아버지에게 맞서기 위해서요.

그러던 고등학교 3학년 어느 날, 정혁 씨는 골프채를 집어 든 아버지의 손목을 잡고 힘으로 제압하기 시작했어요.

"이 새끼가? 안 놔? 너 내가 이 손 풀면 죽었어, 이 새끼야."

덩치는 커지고 힘은 세졌지만, 여전히 마음속에 아버지에 대한 공포심이 가득했던 정혁 씨는 주춤거리기 시작했대요. 그날 정혁 씨는 깨달은 거예요. 아직도 아버지에게서 벗어날 수 없는 약자라는 걸요. 그날따라 얼마나 시끄러웠는지 아랫집 할머니가 두려움을 무릅쓰고 경찰에 신고했대요. 동네에서 소문난 행패

꾼인 아버지를 모두 두려워했음에도, 할머니는 도저히 그 모습을 두고 볼 수 없으셨던 모양이에요.

그렇게 경찰이 다녀간 후, 정혁 씨의 어머니는 그날로 집을 나갔습니다. 편지 한 통도 남기지 않은 채로요. 정혁 씨는 그날부터 죄책감에 사로잡혔대요.

'내가 그날 아버지를 어떻게든 막았더라면. 이 폭력의 고리를 끊었더라면.'

수많은 자책에 사로잡힌 채 정혁 씨도 집을 나왔지요.

서울의 인파 속에 섞이면, 아버지도 절대 자신을 찾아내지 못할 거라 생각했대요. 그리고는 청소용역, 장례업체 알바 등등 시급이 센 것이라면 뭐든지 했대요. 어떻게든 살아남아야 했으니까요.

하루에 두세 개씩 알바하면서 몸이 부서질 것 같으면서도 운동을 하러 갔대요. '그때 조금만 힘이 더 있었더라면… 내가 아버지를 제압할 수 있을 거라는 확신만 있었더라면…' 하는 생각이 늘 그를 짓누르고 있었던 거지요.

그렇게 5년의 세월이 흘렀어요. 그 세월 동안 그 누구와도 관계를 맺지 않았대요. 또 다른 소중한 사람을 잃는 게 두려워서요.

"정혁 씨. 그럼 정혁 씨의 일상에서 조금이라도 평온을 느끼는 순간이 있어요?"

"일 마치고 집에 와서 시원한 방바닥에 등을 대고 누워 있을 때요. 안전하게 느껴져요."

어찌나 쉬지 않고 일했던지, 단 5년 만에 서울에 방 세 개짜리 집을 구하게 됐대요.

저는 눈이 똥그래져서는 쉴 없이 말했지요.

"진짜, 진짜. 너무 대단하다. 너무 잘했어요. 정말로! 하지만 이제 안전한 공간을 만들어냈으니까, 정혁 씨의 집이라는 걸 만들었으니까. 이제는 조금만 덜 일하고, 덜 운동하고, 함께 시간을 보낼 사람들도 만나면서 집에 초대도 해볼 순 없을까요?"

한참 머뭇거리던 정혁 씨는 말했어요.

"저도 그러고 싶어요. 하지만 또 관계를 잃어버리는 그 상실의 순간이 무서워요."

그 마음이 충분히 납득되어서 저는 그냥 가만히 듣고만 있었습니다. 가장 안전해야 하는 집이 지옥이었고, 가장 끈끈한 관계가 이어져야 마땅한 존재인 어머니가 떠나갔고, 또 아버지를 떠나왔고….

그런 정혁 씨에게 '관계'란 어떤 의미로 다가올까. 또 얼마나 희망을 품을 수 있을까. 내가 뭐라 말할 수 있을까. 단지 하나, 정혁 씨가 어머니를 지키지 못한 게 아니라는 말. 그 어린 시절의 당신은 누군가를 지켜야 할 나이가 아니었다고 말하고 싶었지만, 입이 쉽게 떨어지지 않았어요. 그저 한참 서로 커피만 홀짝대고 있었지요. 그 침묵을 깬 건 정혁 씨였어요.

"저도 가정을 이루고 싶어요."

"할 수 있어요. 세상에, 누가 이 나이에 방 세 칸짜리 집을 구해? 이렇게 생활력 좋지, 성격 착하지, 인물 좋지. 진짜로. 어딜 빠져? 하나도 안 빠져. 호감 표시하는 분 없어요?"

쑥스럽게 웃던 정혁 씨가 말했지요.

"저 좋다는 사람 좀 있어요. 근데 그게 더 무서워요. 아버지처럼 될까 봐서요."

"외도할까 봐? 아니면 폭력을 행사할까 봐?"

"둘 다요. 부모의 제일 싫은 모습을 닮는다잖아요."

"정혁 씨. 그 진절머리 나는 마음이 오히려 인생의 잣대가 될 수도 있어요."

"예?"

"저희 아빠가 정혁 씨랑 비슷한 환경이었대요. 저는 태어나기 전에 돌아가셨는데, 할아버지가 어마어마하셨나 보더라고요. 그런데 저는 믿을 수가 없었어요. 저희 아빠는 단 한 번도 저희에게 소리를 지르거나 함부로 대하거나 매를 들지 않았거든요. 아, 딱 한 번 있다! 제가 부모님 몰래 다니던 대학 자퇴하고 서울대 갈 거라고 다시 수능 보려다 들켰을 때. 뭐, 그건 저도 이해해요. 얼마나 천불이 나셨겠어요. 명예퇴직이 코앞이셨는데 첫째가 그러고 있으니. 어쨌든 그 외엔 언제나 인내심이 경이로울 정도로 침착하셨어요. 다 커서 아빠한테 물어봤지요. 근데 그러시더라고요. 내가 우리 아버지한테 겪은 일을 내 자식한테는 절대 물려주지 않기로 했다고요."

자애로운 아버지를 경험해본 적 없는 정혁 씨는 멍하니 듣고만 있었어요.

"정혁 씨, 굴레는 내가 끊으면 돼요. 그리고 그 굴레를 끊겠노라고 다짐하는 마음은, 그때의 증오심이 가장 큰 동력이 될 수 있어요. 아픔은 잊되, 기억은 잊지 마세요. 그 기억을 토대로 정혁 씨가 살아온 가정 말고, 살아갈 가정을 자의적으로 구성해가는 거예요."

그렇게 정혁 씨와 헤어지면서, 저는 연락처 하나를 꼭 손에 쥐어주었어요. 제가 정말 존경하는 심리상담사 선생님네 연락처였지요. 제가 가장 중요하게 생각하는 게 '내가 도울 수 있는 범위를 알고 딱 그만큼 최선을 다하자'거든요. 그래서 심리학자 출신이 아닌 저로서는 그 오랜 응어리와 상처의 해결사가 될 수 없다는 걸 알기에 연결자가 되기로 했지요. 가장 믿을 수 있는 전문가를 소개해주는 징검다리 말이에요. 대신 저는 정혁 씨의 첫 서울 친구가 되어주는 게 어떨까 싶었어요.

"가끔 운동 파트너나 해요. 그 정돈 괜찮죠? 이 운동 경력이 무색한 몸 좀 도와줘요."

제 배를 한 번, 얼굴을 한 번 번갈아 보고는 말없이 씩 웃던 정혁 씨가 전화번호를 찍어줬어요. 그러고는 말했지요.

　"도움을 받는 사람이 아니라 주는 사람이 될 수 있다는 거 좋네요."

삶을 늪에 빠트렸던 그 굴레, 내 힘으로 끊을 수 있습니다.
불안한 마음을 외면하지 말고 바라보세요.
해결의 실마리도 그곳에 있습니다.
작지만 분명하게, 존재하고 있습니다.

07.

서울대에 합격한 날,
아빠는 내게 가족의 수치라고 말했다

●   어쩌면 정혁 씨의 사연을 들으며 너무 힘든 기
억이 떠오른 분도 있을지 모르겠습니다. 쓰는 저도 마음이 편치
만은 않았습니다. 하지만 고립에 대해 이야기하기 위해서는 반드
시 짚고 넘어가야 할 이야기였어요.

생각보다 많은 고립은 '본인이 어찌할 수 없는 환경'에서 시작
됩니다. 제가 뉴스 기사의 댓글을 보면 화가 나는 가장 핵심적인
이유기도 하지요. 고립의 원인을 '그 사람이 약해빠져서'로 규정
하고 비난의 화살을 쏟아붓는 사람들을 보면, 저도 한 성질(?) 하
는지라 한 명 한 명 찾아가서 말해주고 싶다는 생각을 오랫동안
해왔거든요.

하지만 성준 씨를 만나면서 제 생각이 짧았다 싶어 반성하게 됐어요. 그 댓글을 쓰는 사람들의 상당수도 사실은 고립된 사람들이었을지 모른다는 생각이 들었기 때문이에요.

성준 씨도 매일 인터넷 사이트에 댓글 쓰는 것으로 시간을 보내는 사람이었어요. 완전히 '악플러'라고 말하기에는 조금 미묘했던 게, 그는 주로 대학 입시 사이트에서 '서열 싸움'을 하고 있었거든요.

수능이 끝나면 가채점 결과를 가지고 이 정도 점수에 어느 대학교에 지원할 수 있을지 서로 정보를 공개하며 가늠해보는 사이트가 있습니다. 몇십만 명의 가입자들이 각자의 가채점 결과를 올리기 때문에 꽤 정확한 모의 지원 경험이 돼요.

그러나 문제는 그 이후입니다. 회원들이 대학생이 된 이후로는 게시판에 '우리 학교가 낫다', '너네 학교는 거품이네' 하면서 서로 기싸움을 벌이지요. '서연고서성한중경외시(서울대, 연세대, 고려대, 서강대, 성균관대, 한양대, 중앙대, 경희대, 외대, 시립대)'라는 대학 서열화도 이러한 사이트에서부터 시작되었습니다. 이 사이트가 생기기 이전에는 저렇게까지 대학 서열 인식이 고착되지 않았다고 해요. 하지만 마치 조선 왕조 계보인 '태정태세문단세'처럼 줄줄 외우는 족보가 된 사이, 학벌은 하나의 계급이자 낙인이 되어버렸습니다.

실제로 막상 입시 결과를 열고 보면 매해 저 서열과는 조금씩 다름에도 불구하고, 대학생들이 주야장천 자기 학교를 앞에 놓으려고 여론전을 펼치면서 아직도 서열화는 고착되고 있지요.

성준 씨도 바로 그런 사람이었습니다. 성준 씨가 주로 댓글을 다는 토론 글은 '서울대 공대가 낫냐, 지방 대학 수의대나 약대가 낫냐'였어요. 성준 씨가 서울대생이었거든요. 저는 그 서열 싸움에 온종일을 보내는 성준 씨가 딱하면서도 이해되었어요. 성준 씨가 겪어온 오랜 가정폭력 때문이었지요.

하지만 성준 씨가 겪어온 폭력은 정혁 씨와 달랐어요. 그는 언어폭력의 피해자였거든요. 의사 아버지, 한의사 어머니, 의사 누나, 한의사 형인 집안에서 정혁 씨는 가장 한심한 존재였대요. 전교 1등이 당연한 집안이었거든요. 반 1등도 못하는 정혁 씨에게 아버지는 언제나 욕설을 했고, 어머니는 방임했다고 해요.

"하지만 성준 씨네 고등학교는 전교 50등만 해도 서울대 가는 곳이잖아요…."

"저희 아버지는 거기서도 1등이셨으니까요."

"그 시절에도 의대가 그렇게 높았었나…?"

이유야 어쨌든 성준 씨네 집안에서는 의사가 되지 않는 건 생각할 수도 없는 일이었고, 공학도를 꿈꾸는 성준 씨의 장래희망은 '머리가 안 되니까 자기 합리화하는 것'으로 여겨졌대요. 진심으로 로봇공학자가 되고 싶었는데도, 아버지가 늘 성적이 안 되니 하향지원한 걸 자기 꿈이라고 착각한다고 말하시기에 자신의 판단도 믿을 수 없는 단계에 이르렀지요.

어쩌면 더 공부해서 성적을 올리는 게 두려웠다고도 했어요. 한국 사회에서 최상위권의 성적이 나오는 순간 "의대를 왜 안가?"라는 질문을 받으니까요.

형과 누나는 엄마에게 "성준이, 더 할 수 있는 앤데 무의식적으로 의대까지는 갈 수 없는 성적에서 머무르는 건 아닐까? 엄마가 좀 타일러봐요. 의대 갈 성적 내놓고도 공대 간다고 하면 아버지가 이해해주실지도 모르잖아."라고 조언인지 부담인지 모를 말들을 했대요. 어머니도 조심스레 "성준아, 그런 거니?"라고 물을 때마다 숨이 막혀왔다고 했어요.

입시가 끝나고 결국 서울대 공대에 입학하게 된 날이었어요. 다른 친구들이 모두 축하받는 그날, 아버지는 어머니에게 말씀하셨대요.

"당신, 굳이 진료 빼면서 입학식 따라갈 생각하지 마."

"안 오셔도 돼요."

"너는 입 다물어. 부끄러움이 없니? 그래. 결국 네 뜻대로 하니 속이 시원하니?"

서울에 살고 있는 아버지는 성준 씨에게 관악구에 방을 얻어줄 테니 나가 살라고, 방 구해주고 등록금 지원해주는 것까지로 부모의 도리는 할 테니 재수할 생각이 없으면 인연을 끊자고 했대요.

그렇게 성준 씨는 같은 서울 하늘 아래에서 '가족 방출'을 당하게 된 거지요. 그때부터 성준 씨는 오로지 '내가 한 선택도 좋은 선택이다'라는 것을 재확인하기 위해 끝없이 입시 사이트를 들락거렸어요.

어느 날은 자신의 공부 비법을 써서 올린 후 고등학생들의 추천과 '좋아요'를 받으며 충족감을 느꼈죠. 어느 날은 하위권 한의대, 수의대보다 서울대 공대가 낫다고 댓글 싸움을 벌이기도 하면서 시간을 보냈고요.

"수업은 어때요? 그래도 원하던 공부이지 않았어요?"

"제 선택이 맞았는지 확신이 안 들어요."

"형 누나들 말대로 조금 더 할 수 있었는데 안 한 것 같아서?"

"그랬을지도 모르지요."

"아버지는 왜 그렇게까지 의대에 집착하셨을까요?"

"늘 말씀하셨죠. 의사는 하방이 막혀있는 직업이라고. 생활 수준의 상한선 없이 하는 만큼 벌 수 있고, 잘 안 풀려도 중산층 이상으로는 살 수 있는, 절대 아래로 떨어지지 않는 직업이라고요."

"그 하방이 없는 안정된 삶을 자식들에게 물려주는 게 아버지의 가장 큰 책임감이셨나 보다."

"아뇨. 제 생각에 그건 핑계고 그냥 쪽팔리기 싫어서였던 것 같아요. 아빠 친구들한테."

"뭐, 그럴 수도 있고요."

오히려 정혁 씨를 만났을 때보다 가슴이 답답했어요. 무식하고 폭력적인 아버지가 아니라 너무 많이 배워서 똑똑하고 가진 게 많은 아버지. 헬스장을 다니면서 힘을 기른다고 맞설 수 있는 차원의 '힘'이 아닌, 다른 힘을 가진 아버지에게서 끝없이 한심한 놈 취급을 받은 성준 씨는 스스로에게도 계속 그 메시지를 무의식적으로 주입하고 있었어요.

다음 한 발을 내딛기 위해서는 그 말을 넘어서야 했지요. 저는 성준 씨에게 종이 한 장을 내밀었어요.

"저랑 같이 해봐요. 지우개 테라피라는 거예요."

"그게 뭔데요?"

"나쁜 기억은 잊는 게 아니라 새로운 기억으로 덮는 거래요. 저와 함께해볼래요? 아차차, 티슈 가져와야지! 갑 티슈 어디 있지?"

'내가 설마 울려고?'라는 표정이던 성준 씨는 종이 위에 무언가를 써 내려가고, 지우고, 다시 새로운 무언가를 써 내려가는 1시간 동안 갑 티슈 반 통을 썼습니다.

어쩌면 성준 씨에게 그 시간은 '건강한 의미의 댓글'을 처음 달아본 경험이었을지도 모르겠습니다. 타인과 싸우는 댓글 말고, 누군가의 학력을 깎아내리는 댓글 말고, 나에게 상처였던 가족의 말에 정당하게 반박하는 댓글을 달며 자기 자신을 지켜내는 시간이었을지도요.

언젠가 불쑥불쑥 자신을 깎아내리려는 기분이 들 때마다 집에서 꼭 해보겠다는 성준 씨를 보면서, 저는 생각했습니다.

'마음에도 지우개가 있다면, 나를 규정하는 수많은 말을 지울 수만 있다면 얼마나 좋을까'

성준 씨와는 케이스가 다르더라도, 여러분에게도 마음의 응어리가 되어 스스로를 옥죄는 말들이 있나요? 그렇다면 다음 페이지를 주목해주세요. 성준 씨와 함께했던 '지우개 테라피'를 준비해 두었으니까요.

상처 되는 말을 지우는 10분,
지우개 테라피

여러분도 성준 씨처럼 살면서 들었던, 잊고 싶지만 상처가 되어 마음 깊이 박혀버린 말이 있나요? 아주 심각한 말이 아닐 수도 있습니다. 평범한 문장으로도 얼마든 깊게 상처 입을 수 있어요. 책 종잇장에 베어도 상처는 깊게 아릴 수 있잖아요.

저의 경우는 "너는 끈기가 없어."와 "너는 이기적이야."였어요. 전자는 청소년기 주변 어른들의 말씀이었고, 후자는 옛 연인이 헤어지면서 던진 말이었지요. 이 언어들이 아주 오랫동안 제 가슴에 남아 스스로를 할퀴었어요.

20대 후반 대기업을 퇴사하고 상담가로 자리 잡기 전까지 작은 직장을 전전했습니다. 정말 말도 안 되게 갑질을 하는 직장, 월급이 제때 나오지 않는 직장에서도 그만두질 못했어요. '조금 힘들다고 또 회피하려는 건가?'라는 생각 때문에요. 그리고 30대 내

내 누군가에게 호감을 느끼거나 연애하다 헤어지면 '내가 이기적인 사람인가? 그래서 내가 여전히 혼자인 건가?'라며 계속 내가 문제라는 생각으로 빠지곤 했어요.

하지만 지금은 그 생각의 족쇄에서 완전히 벗어날 수 있게 되었답니다. 반년 넘게 꾸준히 '지우개 테라피'를 해왔거든요.

지우개 테라피는 저와 옛 상담가 동료들이 코로나19 시기에 코로나 블루를 겪는 자가격리자들을 위해 만든 기법이었어요. 혼자 있는 시간이 길어지고, 자꾸만 나쁜 기억을 곱씹으면서 감정이 아래로 가라앉는 사람들에게 어떤 도움을 줄 수 있을까 고민하던 차에 아주 인상적인 책을 발견했지요. 성균관대 의대 최연호 교수님이 쓴 《기억 안아주기》라는 책이었는데요. 나쁜 기억을 반복적으로 좋은 기억으로 덮어줌으로써 마음은 물론 몸과 일상까지도 회복될 수 있다는 점을 다양한 이론과 사례에 빗대서 소개하고 있었어요. 이 개념을 심플하게 시각적으로 구현한 것이 바로 지우개 테라피입니다.

방법은 간단해요. 함께 살펴볼까요?

1. 종이와 연필, 지우개, 볼펜을 준비합니다.
2. 종이에 연필로 나에게 상처가 되었던 타인의 말을 써 내려갑니다.

3. 그 말들을 지우개로 천천히, 깨끗이 지우면서 입으로 소리
내 말합니다. "이 말들은 사실이 아니야. 당신들은 나를 규정
할 권리가 없어. 나는 내가 규정해."라고요.
4. 다 지워진 종이 위에 볼펜으로 '내가 규정하는 나'를 적어봅
니다.

저는 이 과정을 꽤 오랫동안 꾸준히 반복했어요. '너는 끈기가
없어'라는 말을 지우고, '나는 내게 딱 맞는 일이 나타날 때까지,
계속해서 찾아다닌 탐색의 끈기가 있는 사람이야'라고 썼고요.
'너는 이기적인 사람이야'라는 문장을 빡빡 지우고 '나는 나를 제
일 중요하게 생각하는 사람이야. 누구나 그렇듯이.'라고 적어 내
려갔지요.

몇 주, 몇 달을 꾸준히 하면서 머릿속에서는 작게 반대하는
목소리가 생겼어요. 내면에서 너무 쉽게 나를 질타하려고 할 때,
"아니야!"라고 외칠 수 있는 또 다른 내가 생겨난 거지요.

그렇게 조금씩 나만의 언어로 자신을 규정할 수 있을 때, 우리
는 비로소 '독립된 존재'가 되는 게 아닐까 싶습니다.

펑펑 울었던 날 이후, 성준 씨는 여전히 집에서 틈날 때마다
지우개 테라피를 실천하고 있다고 전해왔습니다. 상처를 온전히
지워내기까지는 조금 더 긴 시간 꾸준히 연습해야 할 거예요.

하지만 저는 분명히 믿습니다. 가족도 타인이고, 타인은 그 누구도 나를 규정할 수 없다는 걸요. 그리고 애당초 틀려먹은 말에 성준 씨는 절대 지지 않을 거라는 것도요.

여러분도 살면서 상처가 되어 깊이 박힌 말을 연필로 적어볼까요? 쓰다가 울컥 눈물이 나거나 힘겨우면 잠시 쉬었다가 해도 좋아요.

다 썼으면 이제 지우개로 씩씩하게 지워볼게요. 그리고 아래의 글을 소리 내어 읽어볼까요?

이 말은 사실이 아니에요.
이 말은 당신이 나를 보는 왜곡된 시각일 뿐이에요.
그 누구도 나를 규정할 권리는 없어요.
나는 이 말을 받아들이지 않겠어요.
나는 내가 스스로 규정할게요.
그러니 당신이나 잘하세요.

소리 내어 읽으면서 눈물이 왈칵 흘러도 괜찮아요. 쏟아내고 비워내는 건강한 눈물입니다. 그리고 이제 깨끗이 지워진 종이를 보세요. 여전히 연필의 자국이 조금은 남아있지요? 하지만 괜찮습니다.

이제 볼펜을 꺼내서 그 위에 새롭게 나에 대해 스스로 써봅시다. 볼펜으로 꾹꾹 진하게 눌러쓰고 나면, 연필 자국은 거의 보이지 않게 저편으로 사라져갈 거예요.

08.

3, 2, 1
그리고 0.5

●

'3, 2, 1 그리고 0.5'

이게 무슨 소리지? 저는 엑셀 시트를 한참 바라봤어요. 재단에서 소개해주신 사례자분들 중에는 사전 설문에 응해주신 분들도 있었거든요. 처음 만나서 자신의 사연을 너무 많이 꺼내다 보면 그분들께 아픈 기억을 되새기게 하는 과정이 될 수도 있으니까요.

'고립이 시작된 계기가 무엇이라고 생각하나요?'라는 질문에 명진 씨는 저렇게 알 듯 모를 듯한 숫자만을 남겼어요. 하지만 이내 눈치를 챘지요.

여러분은 저 숫자가 어떤 의미 같으세요? 아리송하시죠? 바로 퇴사 주기입니다. 그러니까 명진 씨는 3년 회사를 다니다 퇴사했고, 그다음에는 2년 정도 다니다 퇴사, 그다음에는 1년, 그리고 마지막에는 반년 만에 퇴사한 거라고 추측했지요.

제 전작 《마이크로 리추얼: 사소한 것들의 힘》이 번아웃에 대한 책이었잖아요? 당시 번아웃을 겪는 많은 분을 만나면서, 상당수가 호소하는 어려움 중 하나가 '아무리 애를 써서 일하려 해도 점점 버틸 수 있는 주기가 짧아진다'는 걸 깨달았어요.

명진 씨도 그런 경우가 아닐까 싶었지요. 온라인 화상회의로 만난 명진 씨는 깜짝 놀라는 눈치였어요.

"바로 아셨어요?"

"네, 확신한 건 아니었지만 바로 눈치채긴 했어요."

"대박이네요. 좀 무섭다. 말하기도 전에 다 알까 봐."

"에이, 그건 무속인이나 그렇고요. 괜히 알아맞혔네. 경계심만 생기시겠다."

"약간? 흐흐."

"에이, 그러면 어쩔 수 없지. 들켰네, 신기 있는 거. 어떻게 금전운도 좀 봐 드려요?"

농담하면서 이야기 나누기를 20여 분, 그제야 경계심이 풀린 명진 씨는 자기 이야기를 꺼내기 시작했어요. 번아웃을 겪고 있었지요.

정신적 소진을 의미하는 번아웃은 과로와는 조금 다른데요. 과로는 잠을 못 잘 만큼 과도한 노동에 의해서 신체가 지치는 것을 말하죠. 반면 번아웃은 반복되는 노동에 대해 물질적 보상이든 정신적 보상(인정, 성취감 등)이든 무언가 충분한 보상이 이루어지지 않은 채 계속될 때 가장 많이 찾아옵니다.

그래서 과로의 대표적인 집단이 대학병원 인턴인 것과 달리 번아웃은 전업주부에게 가장 많이 나타난다고 해요. 대학병원 인턴들이 과중한 업무로 하루 서너 시간밖에 잠을 못 자 자기도 모르게 병원 복도에서 졸았다는 이야기를 가끔 의사 선생님들의 강연에서 들을 수 있지요?

하지만 전업주부는 몸의 피로보다는 끝없이 반복되는 노동이 물질적으로도, 가족의 존중으로도 응답받지 못할 때 가랑비에 옷 젖듯 자신도 모르게 번아웃이 찾아오곤 합니다.

그래서 업무 강도에 비해서 사회적 처우나 급여 수준이 높지 않은 사회복지사, 청소년지도자, 상담사 등에서도 많이 발견되곤 하지요. WHO에서도 2019년, 번아웃을 정신질환이 아닌 '직업 관련 증상'으로 정의했고요.

명진 씨는 바로 이러한 번아웃에 과로까지 겹친 이중고 케이스였습니다. 사회복지 관련 업무를 하던 명진 씨는 첫 출근날 밤 10시에 퇴근했대요. "첫 출근이니 선생님이라도 먼저 가세요."라는 동료 선생님들의 말과 함께요. 그리고 다음날부터 새벽 1시에 퇴근하게 되었지요.

첫 직장에서 그렇게 월화수목금금금 생활을 하던 명진 씨는 3년이나 버텼대요. 심지어 지쳐서 자발적 퇴사를 한 게 아니라 직장이 문을 닫으면서 퇴사 처리가 된 거라는 말에 저는 깜짝 놀랐지요.

"어떻게 그걸 다 버텨요?"

"그래도 현장에서 어르신들 만나고 프로그램하면, 보람이 있었어요."

하지만 몸에는 이런저런 이상 증상이 찾아왔대요. 하혈하기도 하고 머리카락이 우수수 빠지기도 했고요. 그래서 다음번에는 상대적으로 칼퇴근을 할 수 있는 민원 업무를 맡게 되었는데요. 그때부터 명진 씨에게 번아웃이 찾아온 겁니다.

민원 업무는 기획 업무와 달리 누군가에게 자꾸만 항의를 들어야 하는 일이었대요. "어르신, 이번 달부터는 이런저런 부분이 포함되어 이 혜택은 받으실 수 없으세요.", "어르신, 자녀분 소득이 이러이러하셔서 이 부분은 해당이 안 되시거든요."라는 말을 할 때마다 바닥에 드러누워 오열하는 분, 삿대질하며 차라리 굶어 죽으라고 하라며 악을 쓰는 분, 책임자 불러오라고 물건을 집어 던지시는 분까지 매일이 전쟁 같았대요.

"스트레스가 이만저만 아니었겠어요."

"그렇다기보다는 내가 왜 이 일을 하고 있는지 회의감이 들었어요."

급여가 적어도, 일이 고되어도 분명 누군가를 도울 수 있다는 생각으로 시작했었죠. 하지만 무언가 해당되지 않는다고 말할 때마다 눈앞에서 오열하고 소리지르는 노인들을 보면서, '정말 내가 누군가를 돕고 있는 게 맞나?' 싶어 자신의 직업에 확신을 갖지 못하게 되었다는 거예요.

그래서 다시 프로그램을 기획하는 부서로 돌아갔더니, 이번엔 3년은커녕 1년만 버틸 수 있었대요. 그리고 가장 충격적인 것은 예전이라면 무척이나 보람을 느꼈을 순간에도, 그 감각이 느껴지지 않더래요.

이미 20대 후반 젊은 시절에 소진된 체력과 민원 업무로 쌓인 정신적 데미지로 인해 명진 씨는 예전의 그 사람이 아니었던 거지요. 기획 업무를 하면 내 몸이 남아나질 않고, 민원 업무를 하면 멘탈이 남아나질 않고, 그래서 마지막으로 행정 일이라도 해보겠다 싶었지만 일하던 어느 날 번아웃이라는 걸 깨닫게 됐대요.

집에 오면 체력이 없는 것도 아니지만 옷조차 갈아입을 힘이 없고, 사람의 눈을 마주칠 수 없게 되는 날들이 반복된 거죠. 어느덧 집은 쓰레기장이 되었고, 명진 씨는 그대로 눌러앉아버리게 된 거였어요.

번아웃의 대표적인 증상이 사람과 대화할 수 없게 된다는 것, 일에서 억지로 버텨 성취를 이루어내도 더 이상 뿌듯하지 않다는 것이거든요.

그렇게 명진 씨는 자연스레 누구와도 대화하지 못한 채 고립된 반년을 보내고, 그마저도 퇴사 이후에는 은둔 생활로 이어졌어요. 그래서 저와의 만남도 화상으로 해야만 했던 거예요.

그래도 다행인 것은 명진 씨가 사회복지와 정신건강복지 관련 공부를 해서 자신의 상황을 번아웃이라고 알아차릴 수 있었던 것이지요. 다만 알아차리기는 했지만 어떻게 회복해야 할지 막막하다고 했어요. 그리고 사회복지 업무로 다시 돌아가야 할지 말지 생각하는 것만으로도 힘에 부친다고요. 그런 명진 씨에게 저는 말했어요.

"너무 당장 결정하려 하지 않았으면 해요. 그리고 마음이 힘겨울 때 내리는 판단을 너무 믿지 않기로 해요. 번아웃이 오면 판단하고 생각하는 데 쓸 에너지도 없어서, 너무 쉽게 결론이 극단으로 갈 때가 있거든요. 그러니 어떤 길을 선택할지 미래에 대한 판단은 잠시만 유보해두고, 대신 생각할 상태가 될 수 있을 때까지 어르신들 돌보던 것 이상으로 명진 씨 본인을 돌보는 데 헌신하고 애써보도록 해요. 내 삶의 복지사가 되자고요. 그러기 위해서 일상에 사소한 규칙 하나 정도만 만들어볼까요."

누군가는 고립에서 나아가기 위해 사람들과 연결되어야 하지만, 그것은 어디까지나 사회적 건강이 위태롭더라도 신체적, 정신적 건강은 어느 정도 받쳐줄 때의 이야기가 아닐까 싶습니다.

명진 씨처럼 신체적, 정신적 건강까지 두루 힘겨워진 상황에서는 오히려 다시 연결되기 위해 한동안 연결되지 않을 시간이 필요하다고 생각했어요. 대신 하루의 일상이 무너지지 않도록 작은 줄기 하나 정도만을 만들어둔 채로요.

명진 씨와 두 가지를 약속했어요.

첫째, 정오 이전에는 일어나서 첫 끼를 먹기.

둘째, 쓰레기가 생기면 쌓아두지 말고 바로 치우기.

그 두 가지 규칙만을 가지고 당분간은 오롯이 회복에만 힘쓰며 지내는 시간을 자신에게 선물하기로 했어요. 졸업 후 처음으로 가진 여백의 시간에, 자신을 위한 프로그램을 기획해보면서 말이죠.

마음이 힘겨울 땐 너무 많은 미래를 결정하지 않기로 해요.
대신, 오늘의 자신을 돌보는 데만 집중하도록 해요.

오지 않은 내일을 걱정하는 것보다
존재하는 오늘의 나를 건강하게 입히고 먹이는 것.
그것이 '걱정스러운 미래'를 피해 가는 열쇠가 될 거예요.

09.

나는 오로지
인스타그램 속에서만 빛났다

●

"이 세상에 문동은은 없잖아요."

지은 씨는 단호하게 말했습니다. 문동은이 누구냐고요? 배우 송혜교 씨가 주연을 맡아 화제였던 넷플릭스 시리즈 〈더 글로리〉 속 배역 이름입니다. 학창 시절 다섯 명의 일진에 의한 학교폭력으로 한 명의 피해자가 죽음을 맞이하고, 그다음 놀잇감으로 지목되어 역시 모든 것을 잃어버린 주인공 문동은이 16년간 치밀하게 준비해 다섯 명의 가해자에게 하나씩 복수하며 파멸로 밀어 넣는 과정을 그린 스릴러 드라마입니다.

저 역시 학교폭력을 경험한 적 있는 피해자이기에 지은 씨의 말이 공감되었지요. 대부분의 학교폭력 가해자들은 드라마와 달리 끝내 처벌받지 않습니다. 여전히 무탈하게 살아가지요.

실제로 드라마 속 가해자 중 하나인 최혜정은 항공사 승무원이 되어 세련된 커리어우먼인 척 사람들 눈을 속이며 여전히 후배 승무원들에게 직장 내 괴롭힘을 합니다. 아마도 가장 현실에 가까운 학폭 가해자의 모습이겠지요.

반면 피해자들은 어떨까요? 그저 잊으려 애쓰거나, 가해자들보다 더 나은 존재가 되려고 애쓰거나, 아니면 여전히 그 굴레에서 트라우마를 안고 살아갑니다.

저는 두 번째 케이스였어요. 학폭 가해자들이 명문대를 지망하는 부유한 집 자제들이었고, 제가 학폭의 타깃이 된 데는 '가난한 집 아이'였던 게 핵심이었어요. 그래서 저는 부모님 몰래 자퇴서를 써가면서까지 서울대에 집착했던 거죠. 더 좋은 학벌에, 더 좋은 직업을 갖는 것. 사회에서 조금이라도 더 윗 계단으로 올라가는 것. 혼자만의 내적 복수였던 셈입니다.

그 과정에 저는 스스로를 혹사시키고 끝없이 남과 비교하며 20대를 보냈었지요. 그 굴레에서 벗어날 수 있었던 것은 퇴사하고 상담가가 된 후 비슷한 고민을 가진 청년들과 서로 고민을 들어주고 지지해주면서 조금씩 타인의 마음도, 제 자신의 마음도 돌보는 법을 배우고서였습니다.

그런 제 눈에 지은 씨는 저의 20대 끝자락, 상담가가 되기 직전의 정신적으로 가장 지쳤던 시기와 닮아있었어요. 지은 씨는 재단에서 사례자를 모집한다고 할 때, 가장 먼저 신청했다고 했어요. 저를 직접 만나고 싶었대요.

"저는 사실 재열 님을 알아요. 예전에 유튜브 나오신 것도 봤고요."

"오, 영광인데요?"

"어떻게 그렇게 학폭 당한 과거를 강연에서도 말할 수 있을 정도로 극복하셨어요?"

"글쎄요. 극복이라고 해야 하나. 부끄러운 거 아니잖아요. 피해자가 왜 부끄러워해야 해요? 가해자가 부끄러워해야지."

"재열 님은 가해자들 생각 안 나요?"

"어, 한 서른쯤까지는 생각났어요. 가끔 몰래 SNS 들어가서 보기도 했어요. '나보다 못 살았으면 좋겠다. 어? 진짜 나보다 못 사네? 쌤통이다.' 이런 생각도 했고, '나 이렇게 잘산다. 건너 건너 타고 와서 너네도 다 보지? 아이고. 내가 너네보다도 훨씬 잘산다, 이거야.' 이렇게 보여주기 식의 게시물도 많이 올렸어요."

"지금은요?"

"안 해요. SNS도 잘 안 해요. 직업이 직업이니만큼 책 나오면 소식도 전해야 하니까 조금씩 하긴 하는데, 저는 직장인이었으면 이제는 아예 안 했을 듯한데요?"

지은 씨는 그런 제가 신기했나 봐요. 자꾸만 이것저것 물어보면서 쉴 새 없이 말을 이어갔지요. 그녀는 스스로를 '관종'이라고 불렀어요. 하루 종일 SNS를 하고 있다면서요. 그녀의 SNS를 들어가 봤더니, 진짜 하루에 하나 이상씩은 꼭 게시물을 올렸더라고요. 팔로워도 그 정도면 인플루언서 아닌가 싶을 정도로 많았고요.

"이렇게까지 올릴 내용이 있어요?"

"없으면 만드는 거죠."

"왜요?"

지은 씨를 응시하며 답이 나오길 기다렸지만, 그렇게 말 많던 지은 씨가 말을 못하는 거예요. 본인도 왜 이렇게까지 SNS를 열심히 하는지 모르는 눈치였어요. 제가 먼저 물어봤지요.

"다른 친구들 SNS 자주 봐요?"

"네, 뭐 '좋아요'도 눌러주고 DM도 하고. 저희 또래는 DM을 카톡처럼 쓰니까."

"보면 무슨 생각 들어요?"

"다들 잘 사는 것 같아 보여요. 저만 빼고요."

"하지만 지은 씨도 인스타그램 보면 누구보다 행복해보이는데요?"

"저는 그냥 그래요."

"친구들도 그냥 그렇지 않을까요? 왜 지은 씨나 친구들이나 인스타그램 사진으로는 행복해보이기 마찬가진데, 친구들은 행

복하다고 확신하고 지은 씨는 아니라고 대답해요? 둘 다 아닐 수
도 있잖아요."

"아뇨. 걔네는 저보다 잘 살아요. 제가 알아요."

지은 씨는 갑자기 정색하며 쏟아내기 시작했어요. 대학 진학
이후 지은 씨는 청소년기의 기억에서 벗어나 새롭게 친구들을
사귀면서 회복하기 시작했대요. 뚱뚱하고 못생겼다는 이유로 시
작된 학창 시절의 괴롭힘을 벗어난 거지요.

입학 직전까지 극한의 다이어트, 그리고 인서울(서울 소재 4년제
대학교를 이르는 말) 입학 기념으로 엄마가 지원해준 성형수술로 어느
정도 변신할 수 있었기 때문이라고 그녀는 말했어요. 아무도 자
신을 괴롭히거나 따돌리지 않는 상황이 영원히 계속되기를 바랐
고, 그러기 위해서는 친구들과 '급'이 맞아야 한다는 강박이 그녀
를 짓눌렀지요. 외모도 친구들만큼 계속 예뻐야 하고, 옷도 친구
들이 입는 브랜드에 맞춰야 하고, 취업도 결혼도 다 친구들의 레
벨에 맞춰야 집단에서 튕겨 나가지 않을 거라고 생각했대요.

가끔 친구들을 만나도 마음속 고민을 말하지 않았대요. 약
점이 될까 봐, 뒷담화가 될까 봐, 그리고 친구들의 행복한 시간에
내가 찬물을 끼얹을까 봐요. 지은 씨의 SNS 활동은 '나도 너희들
만큼 잘 지내고 있어. 그러니 나를 배제하지 말아줘. 언제까지나
친구로 있어 줘.'라는 필사의 몸부림이었던 거예요.

하지만 퇴사, 남자친구와의 이별 등 인생에서 조금씩 주춤거리는 시기가 있을 때마다 SNS를 보면 박탈감이 느껴졌대요. 한 친구는 남자친구와 발리 여행을 가고, 또 누군가는 조기 승진을 해서 대리를 달았지만, 자기만 집에 틀어박힌 것 같았죠.

그럴 때마다 예쁜 카페를 찾아가고, 인스타그램 맛집을 검색하고 사진을 남기고 오는 날들이 반복되었다고 해요. 어떤 날은 여유가 없어서 카페 입구에서 사진만 찍고 업로드한 다음 집으로 돌아오기도 했다면서요.

"괜찮아요, 지은 씨. 솔직히 저도 그런 적 있거든요."

"재열 님이요?"

"네, 웃기죠. 저도 해외여행 가면 사진 엄청 많이 찍어서 나중에 또 올린 적 있어요."

"여행 두 번 간 것처럼?"

"바로 그거죠."

"아, 웃겨. 진짜 재열 님도 허세 부리는 건 똑같으셨구나."

"그럼요. 과시욕은 사람의 본능인데요. 다만 저는 궁금한 게 하나 있어요."

"뭔데요?"

"저는 과시도 하고, 행복한 척도 하지만, 불행할 때도 주변에 털어놓거든요? 그런데 지은 님은 그럴 때 어떻게 하세요?"

"그냥 참아요."

'그냥 참아요' 그 다섯 글자가 왜 그리도 텅 비어 보였을까요. 인스타그램 속에서 누구보다 예쁘고 환하게 웃고 있는 지은 씨와 제 앞에 앉아 있는 지은 씨는 똑같은 외모인데 전혀 다른 오라를 풍기고 있었습니다.

그녀는 얼마나 오랫동안 그냥 참아온 걸까요. 지은 씨는 누군가와 대화도 하고, SNS에 댓글도 달리지만, 사실은 누구와도 진정한 대화를 하지 않고 살아온 겁니다. 그런 지은 씨에게 자신의 힘듦을 누군가에게 말해보는 건 어떠냐고 말했을 때, 그녀는 받아들이지 못했어요. 누군가는 뒤에서 험담할 거라고, 그게 두렵다고요. 하지만 그녀에게 제가 말했지요.

"지은 씨, 진짜 관계는 어쩌면 '아름답지 않아도 되는 관계'에서 만들어지는지도 몰라요. 지은 씨가 절 이미 알고 있고, 기꺼이 만나러 오고, 마음을 열고 싶었던 이유가 뭐예요? 서울대 나와서? TV에 나오는 사람이라서? 아니잖아요. 제가 '아픔'을 드러낸 사람이고, 그 아픔에 지은 씨도 마음이 공명했기 때문이잖아요. 그렇지 않아요? 현실에선 모든 조건을 완벽하게 채운 육각형 인간보다 '희로애락'을 다 공유하는 사람이 진짜 사랑받더라고요. 그래서 진짜 관계는 SNS 밖에 있다고 생각해요. 그리고 지은 씨에게도 그 바깥세상을 보여드리고 싶고요."

저는 지은 씨에게 자조 모임 하나를 권했어요. 누구나 자신의 마음을 솔직하게 털어놓고, 또 그 속에서 서로 지지하며 조언하는 또래 상담 자조 모임이었지요. 3주 정도 프로그램에 참여하고 난 지은 씨를 다시 만났어요. 그녀는 한층 밝아진 어조로 말했지요.

"저, SNS 좀 줄이려고요."

그녀는 '만들어진 행복의 대열'에서 스스로 빠지는 것을 선택하겠다고 말했어요.

자조 모임에 간 날, 처음 본 지은 씨의 학교폭력 경험에 같이 울어주는 사람, 자기 경험을 고백하는 사람, 손수 적어 온 캘리그라피 엽서를 선물하는 사람들을 만났대요. 자신의 마음에 처음으로 귀 기울여주는 안전한 공간에서 '나'를 보여주는 경험을 통해 깨달은 거지요. 나의 불행도, 불안도, 아픔도 누군가와 관계를 맺을 수 있는 소중한 씨앗이라는 걸요.

반려 존재
초대하기

지은 씨처럼 누군가의 사랑이나 관심, 애정을 외부에서 갈구하다 보면 우리는 자주 헛헛하고 공허한 마음을 느끼곤 합니다. 특히 '받으려는' 마음이 우리를 언제나 먹어도 먹어도 배고픈 아귀처럼 고달프게 만들지요.

그럴 때 우리는 시선을 조금 다른 방향으로 돌릴 필요가 있습니다. 누군가에게 먼저 사랑을 주는 연습을 하는 거지요. 그리고 기왕이면 현실 세계에서 직접 교감하고 마주할 수 있는 대상에게 사랑을 준다면, 직관적으로 회복을 경험할 수 있습니다.

꼭 지은 씨처럼 자조 모임이나 커뮤니티 같은 대인관계 속에서 해답을 찾지 않아도 돼요. 자기를 개방하는 것은 모두에게 난이도가 다를 테고, 특히 누군가에게는 아직은 아주 어려운 일일 수 있으니까요. 그럴 때는 우리의 일상에 '반려 존재'를 초대하는 것도 참 좋은 방법일 수 있습니다. 내가 먼저 어떤 존재에게 사랑을 주고, 사랑으로 인해 그 존재가 잘 자라거나 행복해하는 모습을 보면 자연스레 나라는 존재의 의미를 깨달으며 변화하게 됩니다.

저 역시 요즘 그런 변화를 아주 크게 느끼는데요. 반려동물 '트니'를 만난 게 계기였어요. 요즘 제 일상에서 가장 평온하고 충만한 시간은 우리 집 강아지 트니와 산책하는 시간이에요. 정확히는 부모님 댁의 강아지인데요. 저의 집과 부모님 집은 도보 1분 거리라 거의 매일 만나는 거나 다름없어요. 아주 가까운 거리라서 트니도 저의 집을 기억하고, 자주 놀러 온답니다.

튼튼하게 자라라고 이름을 '튼튼이'로 지었는데 가족들이 어느 날부터 자연스레 '트니'라고 줄여 부르더라고요. 다른 집 강아지들 이름은 귀여운데 우리 아이만 너무 시골티가 날까 봐 신경 쓰인다나요. 사실 제가 지은 이름이지만, 저도 가끔 머쓱하긴 했어요. 저희 집 성이 '장 씨'잖아요. 그래서 성을 붙여 부르면 '장 튼튼', 뭔가 유산균 요구르트 이름 같았거든요.

어쨌든 반려동물이 생기고서 저희 집은 완전히 다른 분위기가 됐어요. 가족들의 표현을 빌리자면 '나이 든 아빠, 나이 든 엄마, 나이 든 미혼 아들, 나이 든 미혼 딸' 사이에 어리고 깜찍한 생명체 하나가 '짠' 하고 나타난 거지요.

사실 가족들이 동물을 좋아하는 성격은 아니었어요. 저와 아빠는 깔끔한 성격이고, 엄마는 당신의 건강을 돌보는 데 집중했으며, 동생은 심지어 개를 무서워하는 트라우마도 있었으니까요. 동네 아주머니들이 강아지를 사람 아기처럼 안고 동네를 돌아다니면 엄마는 유난이라고 생각하는 쪽에 가까웠어요. 저도 "그러게. 저 아줌마들은 뭔가 사는 게 여유로워 보이네. 우린 생활이 팍팍한데."라고 맞장구치곤 했죠.

그런데 부모님이 은퇴하시고 고향도 아닌 지역에 살 이유가 없어지면서 우리 남매가 살고 있는 경기도로 이사 오게 되었지요. 자식들이라도 옆에 있는 게 좋다고는 하셨지만 퍽 적적해 보였어요. 특히 아빠는 일자리를 찾으셨지만, 평생 전업주부인 데다 건강도 예전 같지 않던 엄마는 집에서 가만히 누워있는 시간이 길었어요. 자꾸만 엄마들의 SNS인 카카오스토리를 보면서 '나만 이렇게 사는 걸까' 심란해하시는 느낌도 들었고요. 고향의 옛 친구들은 나들이며 꽃놀이며 가는데, 엄마는 낯선 경기도에서 마음 둘 곳이 없었으니까요.

그런 일상에 활력을 줄 수 있는 계기는 뭘까 고민하다가 엄마가 젊은 시절부터 위탁모 봉사를 했었고, 아이 돌보는 것을 참 좋아했다는 게 떠올랐지요. 아기들에게 애정이 참 많으셨거든요. 저희에게 그러니 손주를 빨리 안겨주면 되지 않냐고 하셨지만, 뭐 그게 마음대로 되나요. 그 대신 강아지 막내아들이 짠 하고 생겨난 겁니다.

트니가 찾아온 지 벌써 3년이 지났는데요. 가족의 삶은 참 많이 바뀌었어요. 실외 배변을 하는 트니는 부모님을 하루 두 번 이상 산책하도록 만들었고, 대화가 없던 집안에는 "아이고, 저기 저 배 깔고 누워서 자는 것 봐봐.", "아이고, 이 녀석. 밥을 오늘도 한 끼도 안 먹었지? 누가 간식 몰래 줬어?"라며 트니를 중심으로 대화가 이어졌어요.

부모님이 서로 조금 예민해진 시기에는 사람처럼 눈치 채고 안방에 가서 숨어버리는 트니를 보며, 금세 화해하곤 하셨지요. 무엇보다도 부모님에게 가장 큰 변화는 '긍정의 언어'를 놀라울 만큼 많이 쓰게 되었다는 거였어요. '예쁘다', '귀엽다', '착하다' 같은 단어를 마흔 먹은 아들에게는 이제 쓰기 쉽지 않으니까요. 서로 민망하기도 하고요.

하지만 작은 털북숭이가 눈을 깜빡이는 것만으로도, 고개를 갸웃하는 것만으로도 예쁘다는 말이 입에서 자동으로 나오는 가족들을 보며, 어떤 존재에게 사랑을 쏟는 것은 그 자체로 사람을 생기 있게 만든다는 것을 깨달았어요. 내 세계를 넓혀준다는 것도요. 동물 학대에 공분하고, 강아지들이 보호소에서 얼마나 있을 수 있는지와 강아지 번식장이 얼마나 충격적인 곳인지도 알게 됐지요. 그리고 길을 걷다가도 고양이, 강아지를 보면 웃음이 절로 나오고, 견주들끼리 대화를 나누느라 이웃들도 퍽 많이 사귀게 됐어요.

어떤 존재와 '함께' 산다는 것만으로도 이토록 많은 변화가 생긴다는 걸, 그전에는 미처 경험하지 못했지요.

여러분은 어떠세요? 일상을 함께하는 반려 존재가 있나요? 꼭 동물이 아니어도 좋습니다. 저는 최근에 식물에게도 '반려'라는 호칭을 붙인다는 걸 우연히 알게 됐어요. 은희와 마찬가지로 첫 회사 동기인 광수 형을 통해서인데요. 은희처럼 패션디자이너 출신인 그는 뜻밖에도 지금 플랜테리어(식물을 이용한 인테리어)와 가드닝(정원을 가꾸는 일) 스타트업을 운영하고 있어요. 회사 이름이 참 희한해서 기억에 남았지요. '마초의 사춘기'라나요. 저는 물어봤어요.

"형이 마초인 건 알겠는데, 사춘기는 뭐예요? 식물 회사 이름이 특이하네요."

형은 말했지요.

"너, 내 취미가 꽃꽂이인 거 아냐?"

충격이었어요. 광수 형은 전형적으로 수염을 기르는 남자거든요? 뭔가 꽃꽂이가 연상되지 않는 외모죠. 저는 사실 처음 입사했을 때 그의 자신감 있고 포스 넘치는 외모에 약간 주눅 들 정도였단 말이에요. 그런 그가 꽃꽂이를 한다니, 참 신기했어요.

그런데 회사 이름을 그렇게 독특하게 지은 데는 이유가 있더라고요. 프랑스에서 패션 공부를 하던 광수 형은 꽤 심한 향수병에 고생했었대요. 10대 때도 조용히 지나갔던 사춘기가 그때 왔다나요. 사람들을 만나도, 한국의 친구들이랑 연락을 해도 미래에 대한 불안감과 헛헛한 마음이 가시지 않던 때에 우연히 가드닝 수업을 듣게 됐대요. 그때 식물을 만지면서 자신도 모르게 마음이 안정되고 편안해진다는 걸 처음 알게 된 거지요. 어떤 존재를 보살펴 건강하게 자라나는 모습에서, 자기 자신이 한 생명을 책임지고 있다는 존재의 의미를 발견하게 된 거예요.

그리고 훗날 한국으로 돌아와 직장 생활을 하다 또 한 번의 사춘기가 찾아왔을 때, 자신을 가장 안온하게 만들어줬던 식물이 떠올랐대요. 자신이 가장 꿈꾸던 일은 패션디자이너였지만, 자신을 가장 평온하게 만들어주는 일인 가드너(가드닝하는 사람)로 삶의 궤적을 바꾼 거지요.

그런 그의 이야기를 들으며, 비단 동물만이 아닌 어떤 생명 아니 생명이 아닌 존재조차도 내 삶에서 교감하고 공생하는 존재가 될 수 있다는 걸 알게 됐어요.

언젠가 사례자 중 한 분이 이런 이야기를 했어요. 자신이 고립에서 벗어날 수 있었던 가장 큰 계기는 '내가 누군가에게 의미 있는 존재'라는 걸 다시 깨달았을 때라고요. 사전에 '반려'의 의미를 찾아보면, 이렇게 나옵니다. '짝이 되는 벗'이라고요.

여러분의 일상에도 짝이 되는 벗 하나를 초대해보면 어떨까요? 꼭 사람이 아니어도 좋습니다. 동물이든, 식물이든, 사물이든 무엇이든 좋아요. 내가 가장 편안하게 마음을 나눌 수 있는 존재를 선택해보는 거예요. 그리고 그 존재에게 사랑을 주는 연습 속에서 점차 나 자신에게도 사랑을 주는 방법을 깨닫게 될 겁니다. SNS 속 '좋아요'나 '팔로워'의 숫자에 의존하지 않고도요.

10.

8년간의 공시족 생활을 뒤로하고
또 다른 희망을 찾아서

●   많은 사례자와의 만남을 통해 어린 저를 만나는 기분이었어요. 물론 정혁 씨나 성준 씨처럼 제 삶에서 경험하지 못한 이야기도 있었지만, 지은 씨나 명진 씨처럼 제 삶의 어느 시점과 참 많이 닮아있던 분들도 만날 수 있었거든요.

그리고 그 과정에서 떠오르는 장소가 있었답니다. 바로 노량진이었어요. 19살, 제가 처음으로 서울에 둥지를 튼 곳이지요. 넉넉지 않은 형편에도 꼭 서울대 미대를 가고 싶다며, '그 녀석들'보다 더 잘되고 싶다며 울고 매달리는 저에게 부모님은 적금 한편을 허물어 서울로 보내주셨어요. 미술 학원비만큼이나 큰 지출은 바로 하숙비였어요.

'하숙이라고? 이 작가는 얼마나 옛날 사람인 거야?'라고 놀라시는 몇몇 분들의 목소리가 들리는 것 같은데요. 놀라지 마세요. 노량진에는 2020년대인 지금도 하숙집이 있다고요.

어쨌든 그곳이 떠오른 이유는, 제 삶에서 가장 불안하고 외로운 시기였기 때문일 거예요. 그때는 그게 고립인 줄 몰랐지만, 당시의 저는 오롯이 혼자서 하숙방에 머물고 있었어요. 다른 친구들은 다 동대문이며 코엑스며 놀러 갔지만 잘 끼지도 못했고, 사실 친한 친구도 거의 없었어요. 한두 명쯤 사귄 친구들이랑은 형편 차이가 나서 더치페이를 할 수가 없었죠. 그 때문에 미술 학원이 끝나면 방에서 가만히 앉아 있었죠. 스마트폰이나 카톡도 없던 시절이고, 하숙집엔 TV도 없으니까. 말 그대로 가만히 앉아 있었어요.

그 기나긴 밤, 그 열아홉 살짜리는 도대체 어떻게 시간을 보내며 살았을까? 마흔인 지금은 아무리 되짚어 봐도 기억이 잘 안 나요. 너무 옛날이라서인지 제일 암흑 같았던 시기라 그런지….

문득 그 시기의 나는 어떤 아이였는지 되짚어보고 싶은 마음이 들더라고요. 무작정 노량진으로 발걸음을 옮겼지요. 여전히 그 하숙집이 그 자리에 있는지도 궁금해졌거든요. 그런데 세상에. 21년 만에 찾아가는 하숙집 골목길이 다 기억나더라고요. 그리고 전라도 아줌마네 하숙집도 여전히 그대로였어요. 똑똑 노크하고 들어가 봤지요.

어쩌면 당신도 경험한 적 있는 이야기

"계세요?"

"어떻게 오셨어?"

"안녕하세요. 아줌마, 저 2003년에 묵었던…."

"어머! 너! 그 창원에서 올라왔던 애? 맞냐?"

깜짝 놀랐어요. 아줌마가 바로 기억하시는 거예요. 제가 묵었던 당시에도 이미 십수 년 넘게 하숙하고 계셨었는데, 이제는 근 40년이 다 되어 가시지 않을까요? 그런데 어떻게 저를 기억하시는지 너무 놀랐어요.

아줌마는 몇 년 전 우연히 EBS 다큐에서 저를 봤대요. 당시 청년들을 찾아가 꿈을 이루어주는 프로그램에 데프콘 씨와 함께 MC로 진행을 맡았었어요. 그때 노량진에 사는 기초생활수급 공시생 청년을 만났는데, 제가 마음이 찡해서 시험공부법을 알려주러 간 적 있었어요. 출연 계약에는 없는 내용이었지만, 그저 뭐든 도와주고 싶었어요. 그때 인연이 되어서 그 청년과는 지금까지도 연락하는 형, 동생 사이가 됐죠.

어쨌든 그때 제가 노량진역 건널목을 건너면서, 19살 때 살았었는데 모든 게 그대로인 것 같다고 말했거든요. 그 방송을 보시고는 처음에 반신반의했다가 목소리와 말투가 너무 익숙해서 인터넷을 찾아보시고는 '웬걸, 그때 그 아이구나' 했다는 거예요. 우리 하숙집에서 텔레비전 나오는 사람은 또 처음이라고 아저씨한테도 자랑하셨다네요?

"아가, 온 김에 밥 먹고 가라. 아줌마 솜씨 기억허지?"

아줌마네 하숙집은 방이 7개였는데, 하숙생 7명 말고도 식사 시간엔 열댓 명이 모였어요. 다른 집 하숙하는 애들조차 밥값만 따로 내고 와서 먹을 정도로 아줌마 솜씨가 좋으셨거든요. 남자 전용 하숙집이었는데, 우리 미술 학원 여자아이들도 밥 먹었으러 왔던 기억이 나요. 여전히 아줌마 솜씨는 그대로인지 지금도 밥만 먹으러 오는 아이들이 있다나 봐요.

그중에서 한 명, 제 눈길을 끄는 학생이 있었어요. 가방 메고 온 것 보면 학생 같기는 한데, 아무래도 저와 비슷한 또래 같은 거예요. 다른 하숙생들도 젓가락을 그 학생에게 제일 먼저 전달해주는 것 보니 확실히 큰형님은 맞았어요.

아줌마는 말했지요.

"얘, 정훈아. 오늘은 이 형님 숟가락 먼저 드려. 이 형님이 말이야. 21년 전에 여기서 공부했거든? 근데 너네, 어? 이름 들어봤어? 장재열 작가야. 응? 들어봤어?"

민망하게도 거기 있는 친구들 모두 저를 모르는 눈치인데, 아줌마는 신이 나서 이야기를 이어가시는 거예요.

"케베스에 나오고, 어? 책을 막 여러 권 쓰고, 아줌마네 하숙집이 이렇게 기운이 좋아서 너네도 다 잘될 거야."

그렇게 하숙생 성공 포트폴리오를 좌르륵 읊기 시작하셨지요. 어휴, 내가 왜 밥을 먹고 간다고 했나 싶어서 난처해 죽겠는 거예요. 밥이 코로 들어가는지 입으로 들어가는지도 모르게 후 딱 먹고 자리에서 일어나려는데, 아줌마가 과일을 수북이 쌓아 서 가져오시지 뭐예요. 세상에, 원래도 손이 크셨는데 아줌마에 서 할머니가 되시더니 손이 왕손이 되셨더라고요.

밥을 다 먹은 아이들은 하나둘 떠나고, 시간 많은 아줌마랑 저만 남았어요. 과일은 절반이 넘게 남았고요.

"다 먹고 가, 응? 아줌마 시간 많아."

"아, 너무 배부른데. 근데 아줌마네 하숙은 여전히 잘되네 요?"

"아줌마 솜씨가 좋잖아. 밥이 맛있잖아. 번호표 뽑고 기달리 는 애들도 있고. 아까 거기 체크남방 입은 애는 8년째 아줌마 밥 먹는다니까?"

"안 그래도 궁금했는데… 혹시 그분 몇 살이에요?"

"현수? 몰라. 아줌마가 몇백 명 하숙 쳤는데 다 어떻게 알어. 근데 걔는 나이가 많기는 많어. 한 서른대여섯은 됐을걸? 네 또 래니?"

"아뇨. 저는 마흔이죠."

"옴마. 세상에, 너가 마흔이냐? 아이고, 내 나이 먹는 줄은 모 르고. 그치? 그러면 너 시간 될 때 저 현수랑 얘기 좀 하고 가. 시 간 되니? 너 저기 상담 좀 해줘, 현수. 상담. 내가 현수 생각하면 마음이 아파 죽것어. 쟤가 애가 참 착하거든? 근데….

"아니, 잠깐. 잠깐만요, 아줌마. 상담이란 건 본인이 원할 때 해야 하니까 지금은 좀 그렇고요. 제가 책 한 권 보낼게요. 아니다. 두 권 보낼게요. 하나는 아줌마랑 아저씨 보시고, 하나는 그 현수 씨 주세요. 제가 사인해서 이메일주소도 남길 테니까, 현수 씨한테 읽고 생각 있으면 거기로 메일 달라고 전해주세요."

몇 주 뒤, 현수 씨 대신 하숙 아줌마에게서 연락이 왔어요. 이메일 말고 와서 밥 한 번 더 먹으면 안 되겠냐고요. 현수 씨가 만나고 싶어 한다고요.

그렇게 노량진 카페에서 현수 씨를 만났어요. 서른여섯의 현수 씨는 사실 말할 사람이 필요했대요. 너무 답답한데 같은 하숙생들과는 나이 차이가 많이 나고, 같은 학원의 수강생들은 잠재적 경쟁자로 느껴져 친해지기가 어려웠다고요.

현수 씨가 공부를 시작한 것은 스물네 살, 군대 전역 직후였대요. 2010년대는 대기업 공채가 서서히 사라질 기미를 보이며 취업 난이도가 수직상승하던 때였지요. 2010년대 이전만 해도 서울대생들 사이에는 '롯동금'이라는 단어가 익숙하게 쓰였어요. 서울대 나오면 '롯데그룹, 동부그룹, 금호그룹'까지는 어떻게든 갈 수 있다고요. 그러나 그 롯동금 신화조차 2010년대에는 깨지고, 모든 대학생이 이전 선배 세대보다 하향지원을 해도 합격하기 어려운 시대가 왔어요.

그렇게 취업 공포감이 극대화되던 때, 현수 씨가 선택한 것은 공시였지요. 지방 거점 국립대를 다니던 현수 씨는 취업이 걱정이었대요. 이런저런 아르바이트를 해봐도 늘 적응을 못하고 사람 대하기 어려워해서 금방 잘리곤 했다나요. 그때 홈커밍데이에 온 대기업 공채 출신의 친한 선배가 "너처럼 내성적인 아이는 사기업에 들어가서 사내 분위기에 적응 못한다. 형이 진짜 생각해서 하는 말이다. 공시해라."라고 했대요.

나름대로 공부 머리는 좀 있다고 생각한 현수 씨는 선배의 말을 받아들여서 공시를 시작했대요. 부모님도 외동아들을 서울로 멀리 떠나보내는 대기업보다는 근처에서 계속 지낼 수 있는 지방직 공무원을 하는 게 좋겠다고 찬성하셨대요.

그렇게 시작된 공부가 한 해, 두 해 지나도 생각처럼 풀리지 않았어요. 당시가 공무원 시험 경쟁률이 절정이던 시기였거든요. 90대 1은 우스웠고, 239대 1까지도 나오던 때였으니까요. 그 공무원 시험 광풍 속에서 계속 고배를 마시던 현수 씨는 노량진행을 택했어요.

"그게 8년째고요?"

"네, 정확히는 8년 반 정도 됐어요."

"가족들이랑 연락해요?"

"3년 전까지는 한 번만 더 믿어달라고 했는데, 그 말을 하면서도 내 자신이 너무 한심한 거예요. 명절에도 안 간 지 좀 됐어요."

"친구들이랑도 연락 안 해요?"

"가끔 하긴 하는데, 대화에 못 끼겠더라고요. 세상 돌아가는 거 모른 지 한참 됐으니까. 저 올해 파리 올림픽 하는지도 몰랐어요. 사실은 도쿄 올림픽 1년 미뤄진 것도 이번에 알았고요. 그냥 아무것도 몰라요. 백치예요, 백치."

저는 조심스럽게 물어봤습니다.

"혹시… 공시 접을 생각도 해본 적 있어요?"

"있죠. 쿠팡 일도 해보고, 배달 라이더도 좀 해봤어요. 근데 부모님께 12년간 투자해주신 결과가 이거라고 말씀드릴 수 있을까? 그럴 순 없겠더라고요. 행정사 같은 직종이라도 준비해볼까 생각했는데 역시 그것도 같은 굴레잖아요. 그렇다고 사무직 취업을 하자니 경력이 하나도 없는데요."

"혹시, 현수 씨. 만약 스물네 살로 돌아가서 다시 리셋할 수 있으면 어떤 선택을 할 거 같아요?"

"저 사실 제가 뭘 하고 싶은지 아예 모르겠어요."

고개를 푹 숙인 현수 씨에게 저는 뜬금없는 질문을 던졌습니다.

"과테말라 음식 중에 뭐 제일 좋아해요?"

"예? 먹어본 적 없는데요?"

"그럼 싱가포르 음식 중에서는요?"

"예?"

"현수 씨, 먹어본 적 없는 음식 중에 뭐가 제일 좋은지는 당연히 모르겠죠? 마찬가지예요. 경험이 선행되어야 취향을 알고, 취향을 알아야 자기 성향을 알 수 있어요. 그러니까 당장 최종 결론인 '먹고살 길'부터 찾으려 하지 말아요. 일단은 가장 사소한 나의 정보부터 모으기 시작하자고요."

현수 씨에게 저는 숙제를 내주었습니다. 가장 쉽게 발견할 수 있는 자신의 조각들부터 기록하는 걸로요. 음식을 먹을 때는 어떤 맛을 제일 좋아하는지, 가장 기분이 좋아지는 날씨는 어떤 것인지, 책을 읽을 때는 어떤 장르를 선호하는지, 좋아하는 음악 장르는 어떤 건지. 자신의 기호를 파악하는 것부터 시작했지요. 하루에 하나씩은 꼭 발견하여 쓰기로 약속하고, 몇 주 뒤 다시 만났습니다.

자신에 대한 서른 가지가 넘는 조각을 모아온 현수 씨는 이제 자신의 선호와 기호를 조금씩 알게 된 기분이라고 말했습니다. 그런 현수 씨에게 저는 마지막 숙제를 내주었지요.

"그럼, 이제 도서관에 가 봐요. 그리고 아무 책이나 제목 또는 분야가 끌리는 30권만 가져와요. 그다음 책날개만 읽는 거예요. 날개만. 책날개에 뭐가 있죠?"

"저자 소개요?"

"그렇지. 그거만 읽는 거예요. 그 사람의 일생이 압축되어 있

2
2
0
2
1

잖아요. 그 모든 인생 중에 가장 살아보고 싶은 인생을 찾는 거예요. 30권으로 없으면 50권, 100권 가보는 거예요. 책날개만 읽는 건 금방이잖아요."

다시 몇 주 뒤, 현수 씨는 메일을 보내왔습니다. 자신이 살고 싶은 삶의 모습을 찾았다면서요. 그의 결론은 간단했어요. 저자 중에는 닮고 싶은 인생이 없다는 것. 누군가 앞에 드러내고 싶지도 않고, 누군가에게 메시지를 전하고 싶지도 않고, 그저 안온한 일상을 살아가는 존재가 되는 것이 자신에게 가장 큰 가치라는 것을 깨달았대요.

다만 수많은 저자들의 인생 속에서, 자신보다 더 늦은 나이에도 무언가를 시작하고 일구어낸 사람들이 생각보다 많다는 것을 느꼈대요. 새롭게 시작하기에 늦은 나이가 아니라는 걸, 머리론 알고 있었지만 마음으로 받아들이지 못했던 그가 수많은 인생의 흔적을 더듬으며 피부로 느끼게 된 거지요.

고향으로 내려가 아주 작은 일부터 시작하겠다는 그를 위해, 저는 다이어리 하나를 선물로 줬습니다. 어쩌면 이제는 고향이 더 낯설어졌을 그가 새로운 환경, 새롭게 시작하는 모든 상황에서 꾸준히 자신에 대한 작은 조각들을 모으길 바라면서요. 그리고 그 조각들이 쌓이고 쌓여, 언젠가는 현수 씨다운 길을 찾아가는 나침반이 되길 바라면서요.

나의 관계 바운더리
점검하기

그리고도 두어 달 뒤, 현수 씨를 한 번 만났어요. 그의 고향에 강연하러 갈 일이 있었거든요. 제가 선물한 다이어리를 가지고 와서는 이것저것 많이도 써 내려간 모습을 자랑스레 보여주었어요.

제 마음의 고향 같은 노량진 하숙집에서 처음 만나서일까요? 아니면 오랜 공시 생활로 사회생활의 때가 묻지 않아서일까요? 실제 나이보다 한 10살쯤은 어린 사회초년생 친척 동생을 보는 듯 기특하고 귀엽게 느껴지더군요. 예전보다 훨씬 밝아진 모습이 보기 좋았지요. 그런데 현수 씨에게는 한 가지 고민이 있다고 했어요.

"이제 다시 사회생활을 시작하려니, 사람들과의 관계를 맺는 게 덜컥 겁이 나긴 해요. 작가님은 MBTI가 E(외향인)시죠? 저는 I(내향인)라서 그런지, 공시 생활을 오래 해서 그런지…."

저는 똥그란 토끼 눈으로 손사래를 쳤습니다.

"누가 그래요? 제가 E라고? 저 검사하면 I가 80퍼센트 나와요!"

사실 참 많은 사람들에게 듣는 이야기긴 해요. '외향인 같다, 활발해 보인다, 친화력이 좋다'고 하지만 사실 아주 친한 친구들만 아는 저의 내향적 습관이 있어요. 저는 술자리나 모임 자리가 길어지면 갑 티슈를 하나 쏙 뽑아 듭니다. 그리고 눈이 멍하니 풀린 채 그걸 흔들어요. 마치 전쟁에서 진 군대가 백기 투항하듯요. 그러면 눈치 빠른 친구 하나가 말합니다.

"야, 쟤 집에 갈 때 됐다. 보내주자."

저는 보기보다 상당히 내향적인 사람이라 외향적이고 시끌벅적한 친구들 사이에서는 두 시간 버티는 게 한계거든요. 화술이 뛰어난 내향인으로 사는 건 늘 오해를 사는 삶의 연속입니다. 말을 조리 있게 잘한다는 건 타인으로 하여금 '사람을 좋아하나보다'라는 착각을 불러일으키기 쉽거든요. 저는 그럴 때마다 말하지요.

"운동신경이 좋게 타고났다고 해서, 그 사람들이 모두 운동을 좋아하진 않잖아요. 저도 말을 잘하는 능력을 타고났는데, 모임을 좋아하진 않아요. 신이 저를 만들 때 조합을 좀 잘못한 거죠. 하하."

이 사실을 인지하고 받아들이는 데 아주 오랜 시간이 걸렸어요. 저 자신도 제 '말재주' 특성을 '친화력'으로 오해하고 있었거든요. 웃는 인상에 말을 잘하는 저에게 사람들은 쉽사리 다가왔고, 저는 그 사람들을 거절하지 않았어요. 게다가 저는 매일 새로운 사람들을 만나는 직업을 가지고 있잖아요. 그러다 보니 주변엔 순식간에 사람이 불어났고 언젠가부터 버거움을 느끼기 시작했어요. 나를 아는 사람은 무척 많고 그 절반 이상이 나를 '불호'하기보다는 '호'하는 입장이며, 그 시선을 실망시켜서는 안 된다는 버거움이요.

그래서 술자리나 모임에서 얼른 집에 가고 싶어도 끙끙대며 참곤 했지요. 하지만 어느 순간, 종종 이렇게 중얼거린다는 걸 깨달았어요.

'아, 그냥 연락 다 끊고 잠수 탈까'

그 순간 저는 깨달았어요. 최대 다수의 사람들을 만족시키기 위해 애쓰거나 아니면 너무 지쳐서 다 끊고 숨어버리는 것. 그 양극단의 선택지 모두가 별로 건강하지 않다고요. 그때부터 표현하기 시작했지요. "나 집에 가고 싶어. 나 갈래. 나 먼저 가야겠어."라고요.

그동안 이 쉬운 말을 왜 못했을까 생각했어요. 우리는 관계를 맺어야 하고, 또 관계 속에서 더불어 살아가야 한다는 말을 너무 오랫동안 숱하게 들으며 살아왔지요. 그래서 나도 모르게 그렇지 않은 삶, 관계를 좁히거나 다가오는 상대에게 벽을 치는 것이 비정상은 아닌가 자기 검열하게 되죠.

하지만 오는 사람 막지 않다가 탈이 나곤 합니다. 자신이 '소화 가능한 관계 바운더리(범위)'를 아는 것은 누구보다 중요해요. 누군가는 대여섯 명의 사람들과 어울려 살아야 안전하고 행복하다는 감각을 느끼는 사람일 수도 있고, 또 누군가는 아주 넓은 범위의 다양한 사람들 속에서 새로움과 즐거움을 느끼는 사람일 수도 있는데 저는 그 기준이 없었던 거죠. 현수 씨에게도 이 이야기를 해줬어요.

"현수 씨, 잘 파악해야 해요. 공시 생활 때문에 사람 대하는 스킬이 부족하더라도 의외로 외향적일 수도 있어요. 말을 잘하고 금방 친해지는 '재주'와 나의 인간관계 '성향'을 오해하면 안 돼요. 저처럼 말을 잘하지만 소수의 사람과만 지내고 싶은 사람도 있고, 친화력은 떨어지지만 많은 사람들 사이에 섞이고 싶은 사람도 있거든요."

여러분은 어떠세요? 어느 정도 인원과 범위의 사람들과 함께하는 것이 자신의 맥시멈 바운더리인가요? 나의 이러한 관계 바운더리를 모른다면, 외향적이고 활달하게 관계를 넓히다가도 어느 날 소위 현타가 오고요. 반대로 너무 웅크려 있어도 외로움과 고독이 찾아옵니다. 자신의 욕구를 알아차리지 못한 채 하는 선택들은 언젠가는 부자연스러움을 느끼게 하니까요.

저는 이 관계의 바운더리를 설명할 때 자주 언급하는 소설이 있는데요. 레프 톨스토이의 단편 소설 《사람에게는 얼마만큼의 땅이 필요한가?》예요. 걷는 만큼 자기 땅이 된다는 말에 러시아의 소작농 파홈이 조금만 더, 조금만 더 욕심을 부리다가 지쳐 쓰러지는 이야기지요.

검소함이 미덕이라고 생각하며 살아가던 파홈은 아내를 보러 방문한 처형에게, 농부의 삶은 땅만 충분하다면 악마도 두렵지 않다고 말합니다. 그런데 난로 뒤에 숨어 이들의 대화를 엿듣고 있던 악마에게, 파홈은 괘씸죄로 걸리지요.

'자, 그럼 승부를 해 보자. 과연 그럴까? 내가 너에게 엄청난 양의 땅을 줘보겠어.'

이후 파홈은 점차 다른 사람이 됩니다. 일만 하면 돈이 생기고, 돈이 생기면 땅도 저절로 불어나기 시작하니 엄청난 부농이 되었어요. 점차 여기저기서 돈을 긁어모아 대지주에 가까울 만큼 많은 면적의 땅을 소유하게 됩니다. 그럼에도 악마의 계략에 의해 날이 갈수록 자신의 처지와 소유한 땅의 크기에 대해 불만을 느끼게 돼요. 땅이 적어보이고, 덜 비옥해보이고, 왠지 저 땅은 더 좋을 것 같고…. 채워도 채워도 채워지지 않는 마음이 된 거지요.

그러던 어느 날 파홈은 굉장히 넓은 땅을 공짜에 가까운 조건으로 판매한다는 한 소수민족 유목민의 소문을 듣고 그들을 찾아갔어요. 그 유목민들의 거래 조건은 지극히 간단했어요. 해가 뜨고 나서부터 해가 지기 직전까지 걸어서 한 바퀴를 삥 돌아 시작점으로 되돌아오면 그만큼의 땅을 전부 준다는 거예요. 단돈 1,000 루블에요. 한국 돈으로 환산하면 15,000원 정도죠. 대신 돌아오지 못하면 이 계약은 파기되는 거고요.

조건을 승낙한 파홈은 꼭두새벽부터 출발하지만, 놓치기 아까운 기름진 땅이 눈앞에 펼쳐집니다. 단 한 평이라도 더 차지하려고 조금씩 욕심을 부리다가 결국 해가 지기 전에 도착하지 못할 위기에 처하게 되는데요. 마지막 순간, 파홈은 거추장스러운 신발과 옷도 전부 벗어 던지고 나체가 되어 젖 먹던 힘까지 짜내어 결국 돌아오는 데 성공하지만, 그 즉시 과로로 사망합니다. 지나치게 몸을 혹사한 나머지 그대로 넘어져 피를 토한 채로 즉사한 거예요.

모든 과정을 지켜보던 악마는 자신의 승리라며 통쾌하게 웃고, 파홈의 하인은 그 자리에서 죽은 주인을 묻기 위해 땅을 파기 시작합니다. 그리고 소설은 다음의 문장과 함께 끝이 나는데요.

'농부가 차지할 수 있었던 땅은 그가 묻힌 2미터만큼이었다'

그는 자신이 가장 행복할 수 있는 땅의 너비와 자신의 그릇을 생각하지도, 들여다보지도 않은 채 그저 넓히는 데에만 골몰하며 스스로를 망가뜨린 겁니다.

관계도 비슷하지 않나요? 가능하면 최대한 많은 사람을 알고 싶고, 가능한 한 그들 모두에게 좋은 모습을 보여야 한다고 믿다가 지쳐버리는 경우가 더 많지요. 그리고 모두를 만족시키기 위해 애쓰느라 나날이 지치면서도, 또 새로운 사람들 앞에서 애쓰며 자신의 '관계 영토'를 확장시켜 나갑니다. 어쩌면 진짜 필요한 것은 한두 명일지도 모르는데요. 오히려 관계에 지치면 반대편의 극단인 고립의 상황을 선택하는지도 몰라요.

죽음을 맞이한 파홈처럼, 우리도 어쩌면 사회 속의 나를 소멸시켜버리는 거지요. 다 귀찮고 번거롭다면서요. 하지만 파홈이 자신의 체력과 욕망의 한계를 알고 있었다면, 누구보다 더 건강하고 행복한 부자가 되지 않았을까요?

여러분도 잠시 멈추어서 생각해보세요. 만약 내가 우리 동네만 한 섬 하나를 소유해서 그곳을 내 마음대로 꾸미며 평생 살아갈 수 있다면, 몇 명의 사람과 함께 살아가고 싶고 어떤 사람들이 꼭 있었으면 좋겠는지요.

이 글을 읽는 여러분 중에도 현수 씨처럼 고립을 빠져나와 다시 세상 속으로 향하려는 분들이 있을 겁니다. 그럴 때 저는 당신이 지난 시간을 보상하려는 듯 너무 쾌활하게 무리하다가 다시 지치지 않았으면 좋겠어요. 내가 딱 원하는 만큼 원하는 모습으로 연결되고, 그 안에서 충분한 행복감을 느끼기를 바랍니다.

part 3

내가 사랑하는

사람이

고립에

머물러 있을 때.

01.

우리 딸이
다른 부모 밑에서 태어났다면

●   수연 님에게 전화가 온 것은 현수 씨네 고향에
다녀온 다음 날이었어요.
　"작가님. 인터뷰가 힘들진 않으세요?"
　"아뇨. 뭐, 맨날 하던 건데요. 다만 최대한 많은 분과 소통하
고 싶은데 물리적으로 한계가 있는 게 아쉬워요."
　"그래서 저희도 내부적으로 이야기하다가 워크숍을 한번 만
들어보면 어떻겠냐는 의견이 나왔어요. 가족, 지인, 친구처럼 고
립 당사자가 아닌 주변 분들을 다 같이 한꺼번에 만나보면 어떨
까 해서요."
　"오, 그거 좋네요. 서로 고충도 듣고, 위로도 할 수 있고요. 무

엇보다 고립 당사자 옆에서 바라보는 가족과 연인이야말로 어쩌면 그들을 돌보느라 자기 마음을 놓치고 있을 수 있어요."

워크숍을 앞두고, 저는 이것저것 프로그램을 준비했어요. 각자의 이야기를 꺼낼 수 있는 프로그램도 있었지만, 내 마음을 돌보는 치유 프로그램도 있었지요. 치유가 필요한 것은 고립 당사자만이 아니거든요.

지난날 A와의 시간을 떠올려보면, 내가 사랑하는 사람이 고립되어있다는 위기감에 온 신경이 상대방에게만 가 있곤 했거든요. 그 가운데 나 자신이 서서히 지쳐가는 것도 모른 채 말이지요. 연인도 그런데, 부모라면 오죽할까요. 아마 대부분 부모님이 올 거라고 생각했기 때문에 저는 더더욱 이 워크숍이 그분들의 지친 마음을 달랠 수 있는 작은 휴식 시간이기를 바랐어요.

당일 모인 분들은 제 예상대로 대부분 고립 당사자의 부모님이었어요. 돌아가면서 자기소개부터 했지요. 한 어머님의 소개가 인상적이었어요.

"저는 닉네임으로 할게요. 이자벨이라고 합니다."

"이자벨이요? 어떤 의미예요?"

"배우 이자벨 아자니를 참 좋아했었거든요."

프랑스 배우인 이자벨 아자니를 닮아서 그 닉네임으로 지었다고 해도 납득될 만큼, 이자벨 님은 곱고도 아름다운 미소를 갖고 계셨어요. 잠깐의 대화만으로도 참 좋은 분일 거라는 생각이 들었어요.

사실 그 자리에 오신 모든 어머니들이 참 고우셨어요. 마음의 짐이 작지 않은 상황일 텐데 다들 밝고 수줍게 웃고 계셨어요. 이렇게 좋은 어머니들이 있다면, 자녀들도 언젠가는 다시 건강한 일상으로 돌아오지 않을까 생각하던 즈음 생각지도 못한 말을 듣게 됐어요.

대화카드를 통해서 서로 질문을 주고받는 시간이었는데요. '시간, 공간, 물질적 제약을 뛰어넘어서 모든 상황 중 딱 한 가지를 내가 원하는 대로 바꿀 수 있다면?'이라는 질문이 적힌 카드였어요. 이자벨 님의 차례였지요. 크게 심호흡을 하더니 이렇게 말했어요.

"제 소원은 우리 딸이 다른 부모 밑에서 태어나는 거예요."

생각지도 못한 말에 울컥 눈물이 날 뻔했습니다. 몇몇 어머님들도 눈시울이 붉어지는 게 느껴졌어요. 고개를 끄덕이는 분도 계셨고요. 저도 한참 말을 잇지 못했어요.

이자벨 님이 저 말을 꺼내기까지 자녀를 위해 지금껏 얼마나 많은 시도를 했던 걸까. 그리고 그 시도들이 얼마나 숱하게 물거품되었기에 자신의 탓이라고, 차라리 다른 부모 밑에서 태어났으면 하는 바람을 가지게 된 걸까.

엄청난 사연이 있을 거라고 생각하고 조심스레 건넨 질문에,

뜻밖의 대답이 들려왔어요. 그리고 깨닫게 됐지요. 생각보다 사소하게, 그리고 조용하게 고립이 시작될 수도 있다는 걸요.

싱글 맘인 이자벨 님은 늘 바빴대요. 한의사 사모님으로 살았던 이자벨 님은 남편분을 사고로 갑작스레 떠나보내고 급하게 생활 전선에 뛰어들었어요. 할 줄 아는 것은 하나도 없는데 그나마 친정어머니를 닮아 손맛 하나는 좋았대요. 혼자 세 아이를 키우면서, 식당을 운영하기 시작했지요.

하지만 아이들이 크고 들어가는 돈이 많아지면서 점차 빠듯해졌대요. 그래서 남들보다 1시간이라도 일찍 열고, 1시간이라도 늦게 닫자는 마음으로 살아가다 보니 어느새 24시간 영업하는 가게가 됐지요. 물론 새벽 시간대에 도와주시는 이모님들이 있긴 했지만, 조금이나마 인건비를 덜어보려고 이자벨 님이 최소 14시간 이상씩 가게를 지키곤 했답니다.

그렇게 살아온 세월이 27년, 정신을 차려보니 이자벨 님은 지하철에 무료로 탑승할 수 있는 나이가 되었대요. 만 65세가 넘은 거죠. 첫째도, 둘째도 제 자리를 찾아가는데 늦둥이 막내가 유독 방황이 길었다네요. 막내가 초등학교도 가기 전부터 식당을 시작해 늘 미안함이 있었다는 이자벨 님. 졸업식이며 입학식도 잠시 잠깐 머무르듯 다녀오고, 주말 한 번 함께 보낸 적 없던 게 늘 마음에 걸려서 항상 막내에 대한 걱정이 컸다고 해요. 집에 전화를 걸면 "막내, 밥 먹었니? 막내, 학원 또 빠졌니?"라며 언제나 노심초사로 키웠다고요. 그래도 터울 많은 첫째와 둘째가 엄마의 빈자리를 대신해줘서 늘 고마웠다고요.

"그럼, 막내분이 지금…."

"아뇨, 둘째예요."

몇 달 전, 막내가 드디어 취업에 성공해서 '이제 다 끝났다. 뒷바라지 졸업이다.' 싶을 때쯤부터 둘째가 유독 엄마에게 자주 전화를 걸어왔대요. 회사 생활이 힘들다고요. 명문대를 나와 외국계 기업을 다니는 둘째는 늘 이자벨 님의 자랑거리였다고 해요. 뭐든지 알아서 척척 잘하는 똑순이였다고요.

그런데 어느 날부턴가 그런 둘째가 매일 하소연을 하기 시작한 거지요. "장사 중이니까 이따가 할게."라고 전화를 끊고 정신을 차리면 밤 11시 반. 그렇게 다음날로, 다음날로 미루다가 하루는 둘째에게 문자가 왔대요.

'엄마, 나 오늘 반차 썼는데 나랑 데이트할래?'

둘째는 멀리 가평까지 차를 몰고 가 아주 고급스러운 카페에 나란히 앉았대요. 이자벨 님도 오랜만에 들뜬 마음으로 선글라스도 끼고 스카프도 하고 나갔지요. 하지만 그 좋은 풍경을 앞에 두고도 둘째는 '너무 힘들다, 그만두고 싶다, 미래가 안 보인다'는 말을 이어갔지요. 그날 딸에게 뱉었던 말을 이자벨 님은 지금도 후회한다고 했어요.

"딸, 엄마도 27년 너희 먹여 살리느라 힘들었어. 솔직히 나도 이제 늙고 지쳤잖니. 가게도 접을 때 됐잖아. 이제 나도 좀 마음 편히 살 때 되지 않았니? 그냥 엄마 마음 생각해서 잘 지낸다고 말해주면 안 되니? 엄마 마음 생각 안 해봤어? 해결해줄 수도 없는데 걱정만 늘어. 언제 쟤 사표 쓸까, 그 걱정에 요새 잠도 안 와. 너 안 그러던 애가 왜 이렇게 이기적으로 됐어."

이자벨 님도 말하고 아차 싶었던 찰나, 둘째는 갑자기 소리를 지르기 시작했대요.

"이기적이라고? 내가…? 언니도 아니고 막내도 아니고 내가? 내가 서른넷 될 때까지 엄마한테 힘들다고 한 적 있어? 나 한 번도 그렇게 말한 적 없어. 언니도, 막내도, 엄마한테 교재 값이라고 거짓말하고 돈 타갈 때 나 엄마 걱정해서 한 번도 그런 말 한 적 없어. 엄마, 나 성악하고 싶어 했던 건 알아? 모르지? 모를 거야. 왜? 언니가 음대 돈 많이 든다고 정신 좀 차리라는 한마디에 나 엄마한테 음악의 '음' 자도 안 꺼냈거든. 그래 놓고 언니 지는 하고 싶은 거 하고, 막내 하고 싶은 거 못 찾아서 헤맬 때 이 집 안에서 나라도 사람 노릇 하려고 하고 싶은 것 생각도 못 해보고 오로지 내가 할 수 있는 건 뭔가 혼자 매번 생각했어! 세 딸 중에 나 혼자서!"

돌아오는 길, 둘째는 집 앞에 이자벨 님을 내려주며 딱 한마디를 건넸대요.

"그래, 엄마. 내가 미안해. 앞으로 잘 지내볼게."

그 이후, 둘째는 어떤 질문에도 잘 지낸다고 대답하며 웃어 보였다고 했어요. 마치 가족을 대하는 표정이 아니라 카페에서 직원이 고객을 대하는 미소로요.

그제야 이자벨 님은 두려워지기 시작했대요. 딸이 혼자서 어떤 마음으로 살아가는지 헤아릴 수 없어서요. 만일 나에게 마음을 닫았다면, 누군가 마음 터놓을 사람은 있나 생각해봐도 유독 둘째의 절친이 누군지를 모르며 살아왔다는 걸 깨달았대요. 사실 가장 외로웠던 건, 물리적으로 떨어져 있던 막내가 아니라 마음의 지지자가 없었던 둘째였다는 걸 너무 늦게 깨달았다는 이자벨 님. 딸에게 문자도 해보고, 전화도 해보고, 첫째에게 부탁해 딸의 SNS도 들어가 보았지만 아무런 흔적도 찾을 수 없다는 말을 하며 하염없이 울었어요.

"어쩌면 둘째 따님에겐 마지막 신호였나 봐요. 그 가평 드라이브가요."

"그랬겠죠."

그때 옆자리에 앉은 어머니 한 분이 말을 건넸어요.

"저, 혹시 이자벨 님… 제가 한 말씀 드려도 될까요?"

02.

**엄마의
식탁 편지**

●   말을 건넨 분은 경숙 님이었어요.

"저랑 너무 비슷하셔서… 제가 말을 안 건넬 수가 없어서…."

경숙 님은 이자벨 님과 비슷한 상황을 1년 반이나 겪은 분이었지요. 마음을 닫아버린 아들, 엄마가 잘 때 귀가하고 일어나기도 전에 출근해버리는 아들을 바라보며 살아왔대요.

다만 차이가 있다면 경숙 님의 아들은 이제 서서히 마음의 문을 열기 시작했다는 거였지요. 오히려 이제 아들이 다시 관계를 맺으러 돌아오는 것이 느껴져 긴장이 풀리면서, 그간의 마음 졸였던 자기 자신이 보였대요. 그래서 오늘 이 자리에 온 건 아들 때문이 아니라 자기 자신을 돌보기 위해서였다고요.

"비슷한 상황이지만, 저는 이제 한고비 넘긴 셈이라 이자벨 님께 도움이 될까 하고요."

"경숙 님은 어떻게 그 시간을 버텨오셨어요?"

"처음엔 무작정 대화를 시도했어요. 그런데 아이가 점점 더 마음을 닫아버리더라고요. 저도 온전한 가정에서 사랑받고 자란 사람이 아니라서, 아이에게 어떻게 사랑을 주고 보듬어야 하는지 몰랐어요. 무조건 허심탄회한 대화로 끝을 봐야 한다고 생각했지요. 그런데 그럴수록 아이가 더 멀어져가더군요."

"그 이유는 무엇이었을까요?"

처음에는 자신을 미워하고 싫어하는 줄 알았다는 경숙 님. 하지만 세월이 흘러 아들의 입으로 전해 듣게 되었대요. 엄마가 너무 최선을 다해 어떻게든 나를 도우려 할수록, 대화하려 할수록, 마음의 응어리가 풀리지 않았는데 '저 정성을 봐서라도 빨리 나아져야 한다'는 부담과 강박을 느꼈다고요.

하지만 마음의 새살이 돋아나는 속도를 자기 자신도 어찌할 수 없었기에 '부모가 저토록 노력하는 데도 왜 난 옹졸하게 이 모양일까'라며 자책하는 시간이 길어졌던 거래요. 그 말을 들은 이자벨 님은 하염없이 울기 시작했어요.

"저희 딸도 그럴까요?"

"그럼요. 언니랑 동생 다 하는데도 자기 혼자 교재 값도 속이지 않을 정도로 착한 딸인데."

"그럼 전 어떻게 해야 할까요. 경숙 님은 어떻게 그 시간을 견디셨어요."

"저는 어느 날부터 식탁에 쪽지를 남기기 시작했어요. 매일은 말고, 뜨문뜨문."

매일 밤 12시가 넘어야 귀가하는 아들과 대화할 수도 없고, 대화를 거는 것이 부담된다는 것을 느끼고 난 뒤 경숙 님은 매일 조용히 간식만을 차려두었대요. 너무 거나하게 차리면 그 또한 부담일까 봐 두유 한 개, 과일 한쪽 깎아두기도 하고요. 유부초밥 서너 알을 만들어두기도 했대요. 그리고는 아주 가끔 쪽지를 남겼다고 해요. 아들에게 부담 주지 않으려고 아들에게 말을 거는 것도, 경숙 님 본인의 마음을 건네는 것도 아닌 가벼운 근황 이야기로요.

"올해 비가 적당히 와서 과일 당도가 높대. 아빠도 너무 잘 드시더라."

"작은 고모가 너 꼭 주라고 바리바리 싸서 보냈어."

"연주 엄마가 주더라. 요새 이게 그렇게 유행이라던데, 회사 사람들이랑 나눠 먹어."

"아빠가 등산 갔다가 사 오셨어. 청계산이 그렇게 좋더래."

그렇게 식탁 위 포스트잇 편지를 하나둘 보내면서 조금씩 변화가 생기기 시작했대요. 매일 손도 안 대던 접시를 조금씩 비우기도 하고, 때로는 다 먹고 설거지까지 했다나요.

그렇게 점점 아들에게 보내는 편지가 전해진다는 생각이 들었던 어느 날, 경숙 님은 진짜 편지를 쓰고 싶더래요. 자신의 마음을 담아서요. 하지만 조금이나마 녹았던 아들의 마음이 이내 닫힐까 두려워서, 하고픈 말을 다 내려둔 채 딱 한마디만 남겼대요.

"얼마나 걸려도 괜찮으니까 대화하고 싶을 때 말해줘. 엄마는 쭉 여기 있어."

그 말을 듣는 순간 이자벨 님은 또다시 소리 내어 엉엉 울었습니다. 자신은 언제나 곁에 있어주지 못했다면서요. 어쩌면 단 한순간도 둘째에겐 곁을 내어주지 않은 잘못이라면서요. 저는 휴지를 건네며 단호히 말했지요.

"아뇨, 언제나 울타리가 되어주시려고 그렇게 일해오신 거잖아요. 따님이 비록 상처받을 순 있었겠지만, 그렇다고 이자벨 님이 살아온 시간을 부정하진 마세요. 지금까진 울타리로 살아오시느라 밖에서 불어오는 태풍, 바람, 천둥번개를 내 딸들 안 맞게 하려고 항상 시선이 밖을 향하신 것뿐이에요. 그래서 그 안을 못 들여다보신 것뿐이라고요. 그리고 냉정히 생각해보자고요. 따님이 마음을 닫은 결정적 계기는 이자벨 님의 한마디였다 해도요. 자신이 하고 싶은 음대 진학을 졸라보지 않은 것도, 외국계 기업을 간 것도, 상사와 마찰을 빚은 것도 따님의 선택이 포함된 과정이에요. 물론 그 과정에서 따님이 오롯이 혼자 겪으신 외로움과 슬픔도 있겠지만, 그 모든 게 엄마 탓은 아니라는 거 금방 알아차릴 거예요. 그때까지만 기다려요, 우리."

경숙 님이 고개를 끄덕이며 말했어요.

"엄마가 재촉하지 않으면, 아이는 돌아오더라고요. 그리고 자신감을 가지래요! 제가 여기 말고 다른 부모 모임 특강 가서 들었는데요? 거기 강사님이 그러시대요. 이렇게 제 발로 찾아서 들어오는 부모들은 적어도 자식 생각하는 마음이 상위 10퍼센트라고."

저는 손사래 치며 말했죠.

"10퍼센트가 뭐예요. 1퍼센트, 1퍼센트! 제가 보장합니다, 진짜로."

깔깔대며 웃는 어머님들의 하이톤 속에 이자벨 님도 조금씩 웃음을 띠기 시작했지요. 그 기세를 몰아 한 어머니가 이런 질문을 하셨어요. 언제나 중년 특강을 가면 듣는 레퍼토리였지요. 바로 이겁니다.

"아유. 우리 작가님, 장가는 갔어요?"

03.

**그저 옆에
있어주는 사람**

●   갑작스레 저에게 시선이 쏠렸지만, 당황하지 않았어요. 제 친구들이 항상 그러거든요. 노래만 잘했으면 트로트 가수를 했었어야 했다고. 너는 아줌마와 할머니들을 끌어당기는 얼굴과 넉살을 가지고 있다고. 그래서 어딜 가나 일정 시간이 지나고 나면 저의 혼인 여부가 중요한 대화 주제로 떠오릅니다. 여기에서도 마찬가지였어요. 어머님들은 너나 할 것 없이 한말씀씩 보태기 시작했지요.

"나이가 몇 살이랬지요? 아, 마흔? 보기보다 좀 있으시구나."

"아이고 참, 마흔이면 어때요? 학벌 좋지 인물 좋지 살갑지. 사위 삼고 싶은데."

"나는 아들만 있어서 그런가. 사위보다는 우리 아들이 작가님 닮으면 좋겠다 싶어요."

"작가님 어머님은 흐뭇해하시죠? 엄마한테도 얼마나 잘하겠어."

한참 듣고 있던 저는 손사래를 쳤지요.

"아니요? 저희 엄마가 마음고생 얼마나 하셨는데요."

"정말로? 아니, 뭐 때문에?"

"저는요. 자녀분들보다 더 고립 베테랑이에요. 대학교 3학년에 한 번, 29살에 한 번, 그리고 37살에 또 한 번. 자녀분들이 빨간 띠라고 쳐봐요? 저는 검은 띠예요. 3단, 3단."

"세 번이나?"

"네, 우울증도 있었고요. 대학생 때는 학교 안 가고 자취하던 집 마당에서 혼자 소주 병나발 불다가 주인아줌마 마주치고, 아줌마가 놀래서 엄마한테 전화해서 그길로 서울 뛰어오시고 그러셨다니까요."

"보기보다 속 많이 썩이셨네? 그나저나 엄마가 지방 사셔서 걱정이 더 많으셨겠다."

"네, 저는 당시에 정말 좋은 친구가 하나 있어서 그래도 잘 넘겼어요. 아, 그래. 경숙 님 말씀이랑도 좀 이어지겠다. 저는 제 친구 주형이가 고립된 사람을 케어하는 모범 케이스라고 생각해요. 제 얘기 좀 해도 될까요?"

어머님들께 들려드렸던, 그리고 앞에서 이야기하지 않았던 저의 첫 번째 고립에 대해 여러분께도 살짝 들려드릴게요. 대학교 3학년, 저는 한동안 힘든 나날을 보내고 있었어요. 서울대만 가면 어떻게든 될 줄 알았는데, 제가 다니던 도예과는 취업한 선배도 거의 없는 정말 '작가'를 지향하는 순수예술이었어요. 교수님 역시 "마흔 정도까지는 부모님 도움 좀 받더라도, 작품에 매진하고 잘되어서 효도하자."라고 말하셨죠.

그런데 제가 받을 도움이 어디 있어요. 원래도 유복한 형편은 아니었지만, 당시에 아버지는 회사에서 책상이 빈방에 옮겨지며 벽만 보고 있으셨어요. 자를 순 없으니 제 발로 나가라는 신호였지요. 명예퇴직을 피할 수 없을 것 같다는 불안감에 부모님은 심각하게 퇴직금으로 어떻게 살아가야 하나 한숨이 깊으셨답니다. 동생은 다섯 살이나 어리기에 저라도 얼른 취업해서 잘 벌어야 한다는 부담감이 생겼지요.

하지만 막상 고학년이 되면서 채용공고를 보면 상경계 우대나 인문대 지원 가능만 있지, 예대생이 갈 수 있는 곳은 전공과 무관한 일자리뿐이었어요. 당연히 전체 채용공고의 10퍼센트도 안 되었고요. 학과 친구들은 "우리 집도 평범해."라고 말은 하지만, 사장님 자녀들에 비해서일 뿐 부모님 직업이 교수, 의사, 기업 임원 정도는 되었어요.

혼자서 끙끙 앓다가 한 줄기 빛을 찾아낸 건 전과였지요. 착실히 준비하며 학기를 보내던 중 한 학년 선배가 전출갈 학과 교수님 도장까지도 받았는데, 도예과 교수님 도장을 받지 못해 끝내 전과가 무산되었다는 이야기를 들었어요. 괘씸죄로 미운털이 박혔다고 들었는데, 저도 마찬가지였지요.

앞날이 캄캄하고 막막해진 저는 닥치는 대로 스펙을 쌓기 시작했어요. 한 학기에 6개의 대외활동을 하고, 학과 회장도 맡고, 토익 학원을 다니면서 경영대 취업스터디에 몰래몰래 다니곤 했지요.

도예과는 과 특성상 도서관에 가서 공부할 수도, 집에 흙을 싸 들고 올 수도 없어서, 수업이 없어도 학과 실기실에 머물러야 했는데요. 교수님은 매일 순찰을 돌며 누가 작업하고 있나 체크했어요. 저는 당연히 교수님 눈 밖에 나기 시작했고, 취업해도 교수님이 졸업 작품을 통과시켜주지 않으면 취업 자체가 취소될 수 있다는 말까지 돌기 시작했어요.

너같이 딴 길로 새려는 애 때문에 정말 도예가가 되고 싶은 한 명의 아이가 입학하지 못했다는 말을 듣고, 저는 제 선택을 후회하기 시작했어요. 금속공예과는 금판과 은판을 사느라 한 학기에 수백만 원씩 재료비가 든다기에, 디자인과는 성적이 자신 없어서, 그렇게 눈치작전으로 지원해 입학한 오롯이 내 잘못이니까 어디 가서 하소연할 데도 없었지요.

취업은커녕 졸업도 못할지 모른다는 생각에 커져버린 불안감은 불면증과 우울증을 불러왔고, 먹지도 못하는 술을 야금야금

먹어야만 잠에 들 수 있었어요. 그렇게 망가져버린 리듬 속에서 완전히 한 학기를 날려버린 채로 장학금마저 놓쳐버렸어요. 그리고는 끝없는 불안감으로 동굴에 들어가기 시작했지요.

나 빼곤 모두가 중산층 이상인 것 같은 이 작은 사회에서, 혼자 아등바등하는 것 같은 서러움이 치밀었어요. 미대 앞치마를 매고 몰래 매점에 가는 척 경영대 취업스터디로 향하는 저를 보며 "왜 저렇게까지 교수님 눈 밖에 나는 짓을 할까? 그냥 5학년 다니면 안 돼?"라며 이해하지 못하는 학우들 속에서, 저는 점점 누구와도 대화하지 않고 방에만 틀어박히게 되었습니다.

그렇게 수업만 끝나면 집에 틀어박혀 하루 종일 끙끙 앓고 있는 저에게 손길을 내밀어준 건 디자인과의 친구 주형이었어요.

저는 너무 모두와 잘 지내려 애쓰고, 학점과 스펙에서도 모든 걸 완벽하게 갖추려 애쓰느라 눈에 띄는 타입이었어요. 반면 그는 항상 모든 걸 달관한 것처럼 누구에게도 관심 없는 듯 한량처럼 살아서 눈에 띄는 타입이었죠. 후배들은 항상 "가장 안 어울리는 오빠 둘이 친구인 게 신기하다."고 말했어요. 하지만 우리에게는 가장 깊은 공통점이 있었지요. 마음의 병을 앓아본 적이 있다는 거였어요.

그는 매일 밤 저희 집 앞에 자신의 까만 오토바이를 몰고 찾아왔어요. 그리고는 저를 태우고 예술의 전당까지 말없이 오토바이를 몰았지요. 거기엔 음악분수가 있거든요. 여름밤, 둘이 나란히 앉아 아무 말도 안 하고 음악분수만 보다가 다시 저희 집에 내려주고 그는 돌아갔어요. 그렇게 석 달 가까이 그 친구는 아무 말도 없이 저를 태우고 예술의 전당을 왔다 갔다 했어요. 아무것도 묻지 않고, 아무런 조언도 하지 않았어요. 그냥 옆에 '존재'하기만 했지요.

저에게는 그 존재가 가장 큰 힘이 됐어요. 아무런 재촉도 하지 않고, 아무런 간섭도 하지 않은 채 그냥 존재해주는 그 시간이요. 어두운 시간을 보내고 다시 일상으로 돌아온 뒤, 그에게 물었어요.

"왜 그때 아무 말도 안 했어?"

"그냥. 난 원래 말하는 거 귀찮아하잖아. 그리고 너도 예전에 그랬잖아?"

그러고 보니 2년 전 마음의 병이 주형을 덮쳤을 때, 제가 한 일은 그냥 그의 집에 놀러 가는 거였어요. 요리를 좋아하는 그의 요리 솜씨를 호들갑스럽게 칭찬하며 먹어 치우고, 함께 게임을 하고, 때로는 제 동생까지 데리고 가서 비디오를 빌려 보고. 그뿐이었지요. 그가 왜 그런 상태에 놓였는지, 왜 그렇게 피골이 상접할 때까지 말라가는지 묻지 않았어요. 그 애도 저도 당시에 뭘 알고서 그런 선택을 한 것은 아니었을 거예요.

다만 겉보기엔 전혀 다른 두 사람의 또 다른 공통점은 시시콜콜한 이야기하는 걸 귀찮아한다는 거였어요. 그는 원래 그런 사람이었고, 저는 그때도 이미 '우리 과의 상담왕 선배'로 수많은 후배에게 둘러싸여 있었기 때문에 하루 종일 입을 열고 사는 게 피곤했던 거였어요. 그래서 가장 가까운 두 사람은 8시간을 함께해도, 12시간을 함께해도 서로 말을 하지 않았어요. 아무것도 묻지 않고 그저 존재하는 시간을 공유하는 것. 그것은 서로의 각기 다른 회복의 속도를 재촉하지도, 염려하지도 않은 채 기다려준다는 서로의 비밀 신호였을 거예요.

이야기를 한참 듣던 어머니들은 많은 것을 느낀 표정이었어요. 그리고는 질문하셨지요.

"그 친구분은 잘 지내요?"

"그럼요, 올해 장가간대요!"

"어이쿠, 친구는 가는데 작가님은 어떡해?"

그렇게 저의 결혼 이슈로 또다시 도돌이표가 되었지만, 한결 유쾌한 마음으로 집에 돌아올 수 있었어요. 서로가 서로에게 내어준 이야기의 조각들이 마치 포틀럭 파티(각자 음식을 하나씩 가져와 나눠 먹는 파티) 같은 시간이었을 거라는 확신이 있었거든요.

이번 파트에서도 리커넥팅 테라피는 계속됩니다.
단, 이번에는 '나'의 마음과 연결되는 연습이 아니라
'고립을 겪고 있는 주변의 누군가'의 마음과
연결되는 연습을 해볼 거예요.
주변 사람으로서 내가 누군가를 돕고 싶을 때,
건강하게 손길을 내밀 수 있는 방법을 함께 고민해보는 거죠.

건강하게 홀로 있는 법,
위시 플래너

앞에서 주형과 제가 보낸 시간, 어떻게 보셨나요? 어쩌면 쓸데 없어 보이는 일을 하면서 시간을 같이 보냈었죠. 그런데 그 별 쓸데없는 일로 채워나간 시간이 역설적으로 회복에 가장 쓸모 있는 시간이 되었지요.

사실 고립을 겪으면 시간이 참 많이 생깁니다. 어떤 날은 며칠 내내 일정이 텅 비기도 해요. 생각보다 많은 고립 당사자가 이 텅 빈 하루 그 자체에 죄책감을 느껴요. 빈둥대는 거 같지만 마음속에서는 격렬한 내면의 갈등이 일어납니다. 무언가 하지 않는 사람이라는 마음, 내가 이렇게 시간을 흘려보내면서 세월을 낭비하고 있다는 마음이 초조함을 만들면서 어떻게든 뭔가로 채워 넣으려하죠.

그런데 이미 죄책감을 느끼고 있는 당사자에게 주변 사람들이 덩달아 초조해져서 뭐라도 했으면 하는 마음을 내비치면 더 큰 부담감과 자책감을 안겨줄 수 있습니다.

앞서 등장했던 김지용 선생님이 쓴 책 중에 아주 인상 깊게 읽었던 작품이 있는데요. 《빈틈의 위로》라는 책이었어요. 진료실에서 만난 환자 중 휴직하고 토익 공부를 한다는 분 이야기가 있어요. 완벽주의와 강박 때문에 손 하나 움직일 수 없을 만큼 지쳐서 휴직할 수밖에 없는 분이었는데, 선생님의 "휴직하고 어떻게 지낼 계획이세요?"라는 질문에 "토익 공부라도 하려고요."라고 답했다는 겁니다.

저도 상담하다 보니 남 일 같지 않았어요. "무엇이든 하지 마세요. 아무것도 하지 않는 시간을 자신에게 선물하세요."라는 말을 할 때마다 텅 빈 눈으로 "네."라고 말하는 내담자를 종종 만나곤 했거든요. 아무것도 하지 않는다는 것이 오히려 더 큰 불안으로 다가오고 스스로를 옥죌 수 있다는 것을 알기에, 저도 다른 말을 찾고 싶었어요. 아무것도 하지 말라는 것이 정말로 가만히 천장만 보고 누워있으라는 말이 아니라 '의무감에 억지로 또 다른 과업을 만들어내지 말라'는 거였는데 말이죠. 많은 분이 그 시간에 결국 '불안과 걱정'이라는 또 다른 과업을 만들어내서 몸은 가만히 있지만, 뇌가 쉼 없이 혹사되는 시간을 보내고 있더라고요.

이렇게 텅 빈 하루를 보내고 있는 사람에게 "나가서 뭐라도 좀 해라."라는 말이나 "그래, 아무것도 안 해도 괜찮아."라는 말이나 정반대 같지만 심리적 부담을 주는 것은 매한가지라는 것. 아이러니하지 않나요? 그렇다면 도대체 어떻게 도움을 줘야 할지, 어떤 말을 해야 할지 막막하게 느껴질 수 있습니다.

그런 분들께 '위시 플래너'라는 일과 작성법을 추천해드려요. 슬며시 고립 당사자에게 권해도 좋고요. 함께 작성해봐도 좋습니다. 아니면 이 책의 내용을 전달해주셔도 좋아요. 스스로 적용해볼 수 있게 말이에요.

자, 위시 플래너가 무엇인지 설명하기 위해서 질문 하나 하겠습니다. 우리는 플래너를 쓸 때 어떤 내용을 주로 기재하나요? 오늘 '해야 할 일'을 기재하죠. 누굴 몇 시에 만나고 누구랑은 어떤 업무를 봐야 하는 등의 내용이요.

그렇지만 고립을 선택했을 땐, 이미 수많은 역할이나 상황 속에 잠식되어 '자기 자신'을 잃어버렸을 때가 많습니다. 내 욕구나 마음을 가장 후순위로 밀어버린 채 살아온 날들이 쌓인 경우가 많지요.

그렇다면 스스로를 돌봐야 하는 상태에 접어든 지금 정말 해야 할 일은 조금 다른 플래너를 작성해보는 거예요. 자신의 욕구를 최우선 순위로 두고, 자문자답 인터뷰를 해보는 거죠.

"뭘 먹고 싶은가?"

"오늘 딱 한 가지라도 기분전환되는 일을 한다면 뭐가 좋을까?"

"내가 지금 가장 원하는 상태는 무엇인가?"

그런 본능적인 욕구에 귀를 기울이는 겁니다. 그리고 그것을 리스트로 작성하는 거예요.

저의 위시 플래너를 보여드리면 도움이 될까요?

장재열의 위시 플래너

9월 14일(토)

- [ ] 따듯한 물로
  샤워 20분 이상 하기
- [ ] 점심 때 먹고 싶은 거
  배달시켜 먹기
- [ ] 공식적으로 낮잠 자기

9월 15일(일)

- [ ] 코인 노래방 가서
  원하는 만큼 노래 부르기
- [ ] 갑자기 생각 바뀌어서
  안 가도 나를 질책하지 않기
- [ ] 우리 집에 트니 데려와서
  같이 낮잠 자기
- [ ] 트니가 못 오면
  부모님 집에서 낮잠 자기

아주 시시콜콜하고 별 볼 일 없는 것들처럼 보이지만, 내가 지금 이걸 원한다는 거죠. 내가 원하는 아주 시시콜콜한 것을 가장 중요한 일로 격상시키는 과정에서 나 자신을 가장 우선으로 생각하는 시간을 갖게 됩니다. 그리고 이런 것들을 해내면서 '오, 오늘은 내가 나를 위한 시간을 보냈군'이라고 생각하고, 서서히 나라는 사람의 중추는 내 기호와 선택에 있다는 걸 재확인하게 되지요.

휴일에만 이걸 쓰는 게 아니에요. 바쁜 일상에서도 하나씩은 만들 수 있습니다. '가고 싶지 않았던 모임 핑계 대고 빠져나오기, 안 읽더라도 도서관에서 책 몇 권 빌려오기'처럼 일상에 아주 조금의 틈이 생겼을 때 '오늘, 지금 이 순간'의 나에게 묻는 거죠. 무엇을 하고 싶냐고요. 그렇게 내가 나에게 귀를 기울이면, 조금씩 나와의 연결이 시작됩니다.

보잘것없어 보이는 모든 것들에 귀를 기울이는 데서 회복은 시작됩니다. 우리가 지금껏 중요하지 않다고 미루어두었던 내 마음의 작은 목소리들이, 사실은 가장 중요한 나 자신과의 연결고리니까요. 나 자신을 소중히 대하는 연습은 언젠가 다시 세상과 마주했을 때 나를 함부로 대하는 모든 존재들에게 순응하지 않고, 내가 나를 지키고자 하는 마음으로 건강하게 발현될 겁니다.

그리고 내 주변의 고립 당사자가 이런 소소한 회복의 활동을 하고 있을 때 '쓸데없는 일'을 하고 있다고 생각하거나 저렇게 지내도 괜찮나 걱정스런 시선으로 바라보는 것은 잠시 멈추어주세요.

겉보기엔 별 의미 없어 보이는 행동들의 연속이지만, 그의 내면을 들여다보면, 가장 중요한 의미인 '나다움'을 되찾아가는 과정이니까요.

04.

**진정한
공감**

●   원고 집필을 시작한 어느 날, 친구 명주를 만나 요즘 쓰는 책에 대해 소개해줬어요. 요즘은 한창 사례자분들을 만나 인터뷰하는 중이라고 이야기했더니, 명주는 대뜸 이런 질문을 하더라고요.

"분명히 네가 전혀 못 겪어본 일을 겪은 사례자도 있을텐데, 어떻게 다 공감할 수 있는 거야?"

상담가가 모든 인생을 살아본 게 아닌데 어떻게 모든 내담자의 상황이나 마음에 공감하냐는 거였어요. 그게 왜 궁금한고 하니 주변에 간호사 생활을 아주 힘들어하는 친구가 있는데, 자신은 간호와는 아무 관계없는 IT 개발자라 어떻게 공감해줘야 할지 모르겠다는 거였어요. 저는 명주에게 물어봤지요.

"네가 생각하는 공감이란 게 뭔데?"

여러분은 어떠세요? 공감이라고 하면 왠지 상대의 상황을 나도 겪어보거나 간접 경험해야만 한다고 생각하는 경우가 많아요. 그래서 흔히들 이렇게 말합니다.

"어, 뭔지 알아. 나도 작년에 그랬거든. 알지. 너무 힘들겠다."

"우리 사촌 동생도 그 일 하거든. 진짜 힘들다며. 그래, 얘기 많이 들었어."

그런데 이런 말들은 결국 공감을 '경험을 바탕으로 하는 공유 감정'으로 정의한 셈입니다. 이런 정의대로라면, 당연히 상담가도 모든 내담자에게 공감할 수 없습니다. 모든 직업을 경험해 보았거나 주변에 모든 직업을 가진 지인으로 구성된 게 아니기 때문이지요.

그렇다면 상담가들 또는 공감 능력이 뛰어난 사람들은 어떻게 공감하는 걸까요? 이것만 기억하세요. 공감의 핵심은 '경험의 유무'가 아니라 '정보 시각화Data Visualization'에 달렸다는 것이요. 상대방이 말하는 정보를 최대한 귀 기울여 듣고 그것을 머릿속에 영화나 드라마 장면처럼 제대로 구현한 후, 내가 그 속에 들어가 있다고 느끼는 겁니다. 쉽게 말해 VRVirtual Reality 기기를 쓰고 그 사람의 상황에 들어가 보는 것이지요.

자, 그러려면 어떤 것이 중요할까요? 바로 '질문'입니다.

제 친구 명주의 이야기로 돌아와 볼까요? 명주가 간호사 친구의 상황을 공감하기 위해서 일단 머릿속으로 병원을 떠올리고, 그 안에 트러블의 대상인 동료 간호사들의 말투나 행동을 떠올려야겠지요. 그리고 내가 친구가 되어 그 속에 들어가 보는 겁니다. 이렇게 내가 전혀 겪어보지 못한 상황을 구현하기 위해서는 상대에게 질문할 수밖에 없습니다. 그리고 질문은 공감의 핵심 요소인 '적극적 경청'의 필수 요소지요.

적극적 경청은 말 그대로 들되, 적극적으로 듣는 것을 말합니다. 소극적 경청이 일절 리액션 없이 가만히 듣는 거라면, 적극적 경청은 질문하고 반응하고 확인하는 과정을 거칩니다.

일부러 질문하려고 애쓸 필요 없어요. 위에서 말한 대로 정보의 시각화 과정을 연습하다 보면 자동으로 질문거리가 생겨납니다. 몰입해서 상대의 말을 듣고, 머릿속에서 그 정보들을 이미지로 구현하다 보면 뭔가 빠진 부분이 생기거든요.

예를 들어 '괴롭히는 동료 간호사는 몇 명인 거지? 한 명이 주동자고 나머지는 방관자인 걸까? 아니면 셋 다 적극적으로 괴롭히고 있는 걸까? 내 친구랑 경력이 몇 년이나 차이 나길래 저렇게 꼰대처럼 구는 거지?' 등등 다양한 궁금증이 생기게 됩니다. 그런 것들을 적재적소에 질문하는 것이지요.

이렇게 적절한 질문을 건네는 것은 나에게도, 상대방에게도 좋은 대화의 토대가 됩니다. 일단 나에게는 상대의 상황을 구체적으로 구현해서 진심으로 그의 이야기에 들어갈 수 있게 해주고요. 상대 입장에서는 계속 질문하는 그 자체가 '이 사람은 내 상황에 적극적으로 몰입하고 있구나' 싶어 고마움이 커집니다. 그리고 가장 중요한 것, 의외로 상대는 내 질문에 답변하면서 생각이 정리되고 스스로 해답을 찾아갈 수도 있습니다.

아마 상담을 받아본 분들은 다들 공감할 겁니다. 좋은 상담자는 '조언자'가 아니라 '질문자'인 경우가 많다는걸요. 멘토링이나 컨설팅과 다른 점이 바로 그것이지요. 상대방이 내 도움으로 해답을 찾을 수 있도록 그를 이끌어주는 게 아니라, 스스로 해답을 찾을 수 있도록 기꺼이 그의 동굴 속에 같이 들어가서 손잡고 길을 찾아가는 것. 그러기 위해서 그의 동굴을 내 머릿속에도 구현하고자 적극적으로 경청하고 질문하는 행위, 그것이 진정한 공감의 베이스입니다.

그러니 주변에 있는 누군가에게 도움이 필요할 때, 내가 겪어보지 않은 일이라도 흔쾌히 말을 건네보세요. 적극적 경청과 정보 시각화를 잊지 마시고요. 누구나 충분히 좋은 상담자가 될 수 있을 겁니다. 상담이란 걸 너무 어렵게 생각하지 마세요. '서로 상相에 말씀 담談', 그저 서로 진솔한 대화를 나누는 것으로 충분하니까요.

부탁받지 않은 조언은
폭력이다

적극적 경청에 가장 필요한 것이 '질문'이라면, 가장 자제해야 할 것도 있습니다. 바로 '조언'인데요. 특히 상대의 의사와 관계없이 일방적으로 전하는 조언이에요.

"제가 부탁한 적 없는데 일방적으로 던져지는 조언은 폭력이라고 생각해요."

고립 당사자인 인아 씨가 제게 이 말을 했을 때, 저는 지나간 수많은 상담 사례자들을 떠올렸습니다. 우리는 성장하면서 얼마나 많은 '부탁한 적도 없는 조언' 속에서 살아왔을까요.

'다 너 잘되라는 호의'로 하는 말이기 때문에 '폭력적이라고 느끼는' 내가 나쁜 사람이 되는 구조. 지금 내 상황에서 실행할 여력이 없는 조언이기에 행동으로 옮기지 못하면 내 의지 부족이 되고, 내 생각과 다른 조언이라서 거부하면 '똥고집'이 되어버리는 상황.

이상하지 않나요? 특히 동아시아 유교 문화에서 이런 '호의를 가장한 폭력'은 더 빈번히 발견됩니다. 윗사람이 아랫사람을 바른길로 이끌어야 한다는 의무감은 어쩌면 통제 욕구와도 맞닿아 있는지 모르겠습니다. 그것이 애정의 척도라고 생각하면서 말이지요.

하지만 미국의 심리학자 다이애나 바움린드Diana Baumrind는 부모와 자녀 관계의 오랜 연구를 통해 애정과 통제는 분명히 다른 것임을 발견했습니다. 애정과 통제를 기준으로 각각의 정도에 따라 부모의 양육 유형을 네 가지로 분류하였는데요. 바로 애정과 통제가 모두 낮은 '무시적 양육 형태', 애정은 높지만 통제는 낮은 '허용적 양육 형태', 애정과 통제가 모두 높은 '권위 있는 양육 형태', 애정은 낮지만 통제는 높은 '독재적 양육 형태'입니다.

우리가 주목해야 할 형태는 바로 마지막 '독재적 양육 형태'예요. 이름이 주는 인상이 너무 강한 듯하지만, 들여다보면 한국 사회를 살아가는 우리에게 가장 익숙한 형태입니다. 부모와 자녀의 수직적인 위계가 분명하고, 자녀에게 많은 기대와 요구를 하지만 그 이유는 확실하게 설명하지 못하지요. 그리고 결정적으로, 자녀의 심리적 반응이나 요청에는 둔감한 편입니다.

이런 환경에서 자라난 아이는 성인이 되어서도 자아존중감이 낮은 건 물론 강한 죄책감을 형성시킨다고 하지요. 부모의 기대와 요구가 '부모와 자녀 모두에게 어떤 의미를 갖는지' 명확히 알지는 못하기에 의무감 또는 부모를 실망시키고 싶지 않다는 마음으로 애쓰게 되고, 삶에서 크고 작은 실패가 있을 때마다 '누군가를 실망시켰다'는 죄책감에 사로잡히게 되는 겁니다.

그런 환경의 영향일까요? 사회적 고립에 대해서 OECD 국가 간의 비교를 한 연구 결과가 있는데요. 통계청에서 2019년 발행한 〈사회적 고립의 현황과 결과〉 보고서를 살펴보면, 우리 스스로 반성해야 할 시사점이 있습니다. 지난 10년간 사회적 고립을 겪는 사람에게 설문을 해 봤어요. 독일, 미국, 일본에서 '나는 어려울 때 도움받을 사람이 없다'고 말한 비율은 5~12퍼센트 정도인 데 비해 한국은 20퍼센트를 훌쩍 넘깁니다. 적게는 두 배에서, 많게는 네 배까지 차이 나는 거예요.

사회적 고립 상황에서 도움을 청하는 것을 주저하는 이유는 여러 요인이 있을 겁니다. 하지만 상담 현장에서 많은 사례자들이 이렇게 말하지요. 가족에게 도움을 청하지 못하는 이유는 응원이나 지지를 기대할 수 없을뿐더러 도리어 실망감을 표현하거나 '원치 않는 조언'을 건네는 것이 두려워서라고요.

하지만 조언을 건네온 당신을 탓하고 싶지는 않아요. 우리 모두 비슷한 환경에서 살아왔고, 그것이 최선의 선택지라 생각해서 행동해온 것뿐이니까요.

그래도 이 책을 중반 이상 읽어온 우리에겐 이제 '조언'이라는 선택지 외에도 '질문', '적극적 경청', '곁에 있어 주기' 같은 많은 선택지가 생겼습니다. 그러니 조언이 문득 목까지 차올랐을 때, 잠깐만 멈추고 생각해보는 것은 어떨까요? 그를 사랑하고, 응원하고, 도울 수 있는 또 다른 선택지는 무엇일지요.

05.

**재난 문자에 집 밖으로 뛰쳐나온 날,
세상이 처음 건넨 한마디**

●

"재열 님, 제가 뭐라고 첫마디를 떼야 했을까요?"

얼마 전 독서 모임 멤버인 정현 씨가 제게 고민을 털어놓았어요. 새로 이사 간 동네에서 아주 우연히 대학 시절 동기를 만났대요. 꽤 오래 공시를 준비하다가 실패하고, 4년 전부터 친구 모두와 연락이 끊긴 동기 명훈 씨를요.

집 근처 카페에서 알바하고 있더래요. 모르는 척을 하자니 4년 내내 학교를 같이 다닌 터라 못 알아본다는 게 말이 안 되고, 반가운 척을 하자니 모두와 연락을 끊어버린 그의 마음을 헤집어 놓는 것 같아서 너무 난처하더래요. 하필이면 카페는 텅 비어서 정현 씨와 친구밖에 없는 상황이었고요.

몇 초간의 정적이 흐르다가 결국 정현 씨는 어색한 표정으로 "어… 저기, 명훈이 맞지…? 맞, 맞나? 맞아요?"라고 로봇처럼 물었답니다. 친구는 어색한 미소로 "어… 그래, 너구나…. 반갑다."라고 말하곤 말갛게 서 있었대요.

　　그런데 문제는 이다음이었어요. 차라리 "아닌데요."라고 했으면 '아, 친구가 알아봐주는 게 싫구나' 싶어서 "아, 예. 죄송합니다."라고 했을 텐데 친구도 어색하게 웃고, 나도 어색하게 웃고…. 그다음 할 말을 못 찾겠더라는 거죠.

　　분명 친구 명훈 씨가 누구와도 연락하지 않고 집에도 내려가지 않으며 혼자 지낸다는 걸 알고 있기에 늘 걱정하며 안부가 궁금했는데, 막상 예상치 못한 순간 눈앞에 나타나니 어떤 말을 해야 할지 전혀 모르겠더라는 거예요.

　　"잘 지냈어?"는 그간 잘 못 지낸 걸 다 아는데 상투적인 것 같고.

　　"어떻게 지냈어?"는 너무 캐묻는 것 아닐까 조심스럽고.

　　또 아무렇지 않은 척 "너무 반갑다!"라고 다가가면 움찔하고 뒤로 물러설 것 같고….

　　동기들과 한참을 어떻게 말해야 했나 고민해봐도 답이 안 나오더래요. 그 카페를 피해서 다른 카페로 가는 게 친구를 위한 길일까 싶다가도 텅 빈 매장에 우두커니 서 있던 명훈 씨를 떠올리면, 그의 지난 몇 년간도 그렇게 우두커니 혼자서 버텨왔을 것 같은 생각이 들어 자꾸만 짠하다는 정현 씨. 참 어려운 고민을 하고 있었습니다.

앞선 챕터에서처럼 가장 사랑하는 사람이 고립되어 있을 때도 말을 건네는 것은 참 어려운 상황입니다만, 이 케이스는 또 다른 의미로 참 어렵습니다. 우연히 마주친 그 사람과 아주 친한 사이는 아닐 때, 그러나 어쩌다 갑자기 '첫 연결고리'가 되었을 때, 우리는 본능적으로 느낄 수 있습니다.

'여기서 말 잘해야 하는데. 내가 외면하거나 혹여 말실수하면 저 사람이 다시 동굴 속으로 숨어버릴지도 모르는데…'

여러분이 정현 씨의 상황이라면 어떤 말을 건넸을 것 같아요? 저는 한참을 고민하다가 운을 뗐습니다.

"정현 씨. 우리 엄마 친구가 낙성대에 원룸 빌라를 갖고 있으시거든요?"

'갑자기 뭔 소리야?'라는 표정으로 쳐다보는 정현 씨에게 저는 엄마 친구, 숙자 아줌마 이야기를 꺼냈습니다.

제가 서울로 대학 와서 스무 살에 처음 만난 숙자 아줌마는 엄마의 오랜 고향 친구예요. 건물을 여러 채 가지고 있는 부자 아줌마인데요. 사모님 느낌은 아니고 억척스러운 짠순이 아줌마예요. 그 요즘 '랄랄'이라는 30대 유튜브 크리에이터가 60대 건물주 아줌마 분장을 하고 그 나이대 아줌마들을 어마어마하게 똑

같이 재연해서 아주 유명해졌잖아요? 딱 그렇게 생긴 아줌마거든요. 사람들한테 꽤 드세고 무섭게 구는 아줌마지만 저는 참 예뻐해주셨어요. 결혼도 안 하고 자식도 없다 보니 오랜 고향 친구의 아들내미가 서울까지 대학 온 게 참 기특해보였나 봐요.

그래서인지 만난 첫날부터 살아온 이야기를 들려주었지요. 양친이 일찍 돌아가시고, 서울의 한 작은 공장에 취업해서 십 대 때부터 동생 다섯을 먹여 살려온 억척스러운 맏언니였대요. 공장 일에, 나물 장사에, 분식집에, 아모레 아줌마에, 도배장판 일까지. 안 해본 일 없이 살아와 어느덧 서울에 빌라를 네 채나 갖게 되었지요. 무려 대출도 없이요.

그렇게 부자가 되었는데도 가난한 시절의 습관이 몸에 배었는지, 아줌마는 근검절약과 돈 관리가 철저했어요. 월세 독촉도 아주 확실했고요. 가끔 밥을 차려주실 땐 밥에 콩나물무침, 김치, 멸치, 딱 그렇게였어요. 친구 아들 온다고 큰맘먹으면 계란말이 정도 추가되었고요. 당시 갓 스무 살이던 저는 어린 마음에 항상 '아줌마는 부잔데 왜 맨날 이렇게 먹는 거지…'라고 생각하곤 했죠.

그런 숙자 아줌마가 유일하게 아끼지 않는 게 있었는데요. 바로 수도세였어요. 건물이 닳을세라 매일 쓸고 닦고, 쓸고 닦고, 물청소를 그렇게 했거든요. 그게 의아했던 저는 한번 물어본 적이 있어요. "수도세 많이 나오잖아요, 아줌마. 돈 아껴야죠."라고 물으면 "하나쯤은 아끼지 말아야 할 것도 있는 거여."라며 매일 계단에 광을 내곤 했지요.

그런 숙자 아줌마가 얼마 전 쓰러지셨어요. 뇌에 꽈리 같은 것이 생겼다고 해요. 다행히 큰 사고는 아니었지만 꽤 오래 병원 신세를 져야 한다는 소식에, 자녀 없는 아줌마가 적적하진 않으실지 걱정되어 부리나케 병원으로 찾아갔지요. 그런데 웬 젊은 여자분이 옆에 계시더라고요?

"어, 아줌마. 여기는 누구…?"

"아줌마 숨겨둔 수양딸 경진이야, 경진이. 저기 뭐야, 수양딸이라고 하지? 인사들 해."

당황스러웠습니다. 아줌마에게 수양딸이 있다는 소리는 처음 듣는데 뭐지 싶어서 엄마한테도 카톡을 보내봤는데, 엄마도 처음 듣는 소리라는 거예요.

온갖 사소한 걱정과 불안이 많은 저로서는 '우리 숙자 아줌마 재산이 많은데, 쓰러진 시기에 갑자기 나타난 수양딸이라니. 이게 뭔 일인가.' 싶어서 머리가 어질어질하더라고요. 그런데 또 자세히 보니 수양딸이라는 사람이 나쁜 사람 같지는 않았어요. 마침 제가 사 온 케이크를 아줌마는 아직 드실 순 없다기에 그녀와 제가 휴게실에 나란히 앉았지요.

"어… 경진 씨라고 하셨지요? 아줌마랑 오래 아신 사이예요?"

"5년 정도…? 저 세종빌라 입주자거든요."

"아, 진짜요? 근데 세입자랑 건물주에서 어떻게 그렇게 저기… 그런 사이가…?"

"아, 아줌마랑 저랑 서로 생명의 은인이에요."

경진 씨는 2019년부터 아줌마네 빌라에 살고 있던 청년이었습니다. 공연 관련 업체 음향팀 팀장으로 일하던 그녀는 그 일이 참 좋았대요. 하지만 임금을 상습적으로 체불하던 사장에게 팀원들을 대표해서 면담을 신청하러 간 날, 그녀는 마음의 문을 닫고 말았습니다. 사장은 미안해하기는커녕 성희롱과 함께 협박했거든요.

"너, 소송으로 한번 피 말려 죽어볼 테냐."

막상 사장이 난리를 치기 시작하니까 팀원들조차 본인에게 불똥이 튈까 봐 다들 모른 척하더라는 거예요. 인간에 대해 환멸을 느끼고 퇴사를 선택한 그해, 마침 코로나19를 기점으로 축제와 공연 업계는 일감이 뚝 끊겨버렸어요.

'그래, 이렇게 된 거 좀 쉬자. 그리고 나가면 다 돈이니 긴축하자.'라는 마음으로 집에만 머무른 것이 어느덧 1년, 2년을 넘어가게 된 거예요. 그때까지는 그래도 마음은 괜찮았어요. 하지만 코로나19가 끝나고 다시 이력서를 넣기 시작했는데, 단 한 군데서도 면접 오라고 하질 않더라는 겁니다.

그때 그녀의 머리를 스친 것은 그 악마 같은 사장의 목소리였 대요.

'그 인간이 여기저기 내 이야기를 하고 다녔다고 하던데, 정말 인가. 그래서 일을 못 구하는 건가. 나는 단지 밀린 급여를 달라 고 했을 뿐인데?'

억울함과 인간에 대한 불신 그리고 미래에 대한 두려움으로 어느새 마음마저 닫히기 시작했습니다. 사람을 만나는 것 자체 가 두려워졌대요. 그렇게 취업 준비를 멈추고 하염없이 넷플릭스 만 보는 날이 늘어갔어요. 게다가 돈은 거의 바닥나서, 배달음식 하나를 시켜 세 번 소분해 먹으며 하루를 버티곤 했답니다. 점점 무기력해지면서 '이 돈이 바닥나면, 그때는 그냥 조용히 한강 가 야지'라고까지 생각이 가닿더라는군요.

그렇게 심연으로 가라앉듯이 지내던 어느 날, 2023년 봄이었 어요. 고요한 새벽, 텅 빈 서울 거리에 귀가 찢어질 듯한 사이렌 이 울렸습니다.

"실제 경계경보를 발령합니다. 실제 경계경보를 발령합니다."

어리둥절한 사람들의 핸드폰에 문자가 하나씩 날아들었습니 다. 귀가 찢어질 듯한 '빼애애애액' 소리와 함께 이내 네 줄의 재난 문자가 떴죠.

위급 재난 문자

[서울특별시] 오늘 6시 32분 서울지역에 경계경보 발령. 국민 여러분께서는 대피할 준비를 하시고, 어린이와 노약자가 우선 대피할 수 있도록 해 주시기 바랍니다.

어디로 대피해야 할지도 모른 채 사람들은 혼비백산해서 뛰어나왔습니다. 낙성대동도 다르지 않았어요. 빌라 주민들 모두 소리를 지르며 잠옷 바람으로 뛰쳐나왔지요.

그사이에 경진 씨도 껴 있었습니다. 무려 2년 반 만에 처음으로 밖에 나온 거였대요. 엉겁결에, 자신도 모르게요. 놀라 뛰쳐나올 때는 몰랐는데 경보가 오보라는 문자가 오고서 '아차, 나 집 밖에 나와 있네'라는 생각이 들자마자 소름이 돋더래요. 마치 처음 알을 깨고 나온 동물이 너무 추워서 부들부들하듯 말이에요. 그 순간 숙자 아줌마가 다가왔대요.

"어, 저기 405호 아가씨 맞죠?"

"네?"

"아니, 내가 그냥 궁금한 게 하나 있어가지구."

"아… 네?"

"요즘에 밥은 잘 챙겨 먹어요?"

이상하게 눈물이 툭, 떨어지더래요. 그 '밥'이라는 말이 왜 그렇게 울컥했는지는 아직도 모르겠대요. 얼굴이 시뻘게진 채로 눈물만 뚝뚝 떨구는 경진 씨에게 숙자 아줌마가 당황한 채 손을 허둥지둥 저으며 말했대요.

"아니, 아니, 왜 울어. 아니, 아줌마가 뭐 프라이버시 침해하려고 그런 거는 아니구. 저기, 내가 만날 물청소를 하잖아. 그래서 그냥 우연히 본 거야. 만날 밥을 시켜 먹는 거 같아가지구. 배달의 민족 그 총각들이 맨날 나 청소하는데 놓고 가더라고. 아니, 그냥 아줌마가 딴 거는 아니고 혹시나 밥솥이 없어서 못 해 먹나 싶더라고. 없으면 202호가 이사 갈 때 놓고 나간 밥솥 있는데 그거 줄라고 그런 거야. 응, 응. 왜 울어. 미안해, 미안해. 아줌마가 주책이다. 그지, 응?"

그날 경진 씨는 마음속에 어떤 빙하가 녹아내리는 것 같았대요.

'아, 나의 안부를 궁금해하는 사람이 있구나. 나의 안녕을 걱정해주는 사람이 있구나. 아무런 관계도 아니라고 생각했는데 누군가는 내가 잘 챙겨 먹고 안녕하기를 바라는 마음이었구나.'

아줌마 앞에서 한참을 울고는 함께 아침을 먹었대요. 아니, 세상에. 그 짠순이 아줌마가 삼겹살을 구워줬대요! "고기는 바로바로 구워서 같이 먹어야 맛있그등?"라면서요. 세상에, 20년 동안 저는 한 번도 못 얻어먹었는데 말이죠. 그때 아줌마의 한마디가 다시금 떠올랐어요.

"하나쯤은 아끼지 말아야 할 것도 있는 거여."

그렇게 숙자 아줌마의 도움으로 다시 삶의 수레바퀴를 돌리게 된 경진 씨. 그리고 정확히 1년이 지나 그녀가 물걸레질하다 쓰러져 있는 아줌마를 발견하고 병원으로 모신 거예요.

사실 그 일이 있기 전까지 숙자 아줌마는 경진 씨에게 가까운 사람도, 지인도 아닌 그저 월세 내고 받는 관계일 뿐이었을 거예요. 하지만 경진 씨가 우연히 세상과 연결되던 그 시작점에 처음으로 맞닥뜨린 사람이 되었지요. 친하지는 않지만, 꽤 중책을 맡게 된 겁니다. 엉겁결에요.

그 첫 연결고리인 숙자 아줌마의 한마디는 언젠가 그 첫 연결고리가 될지 모를 우리에게도 많은 인사이트를 줍니다. 아줌마는 왜 상대방이 그렇게 방 안에 갇혀 지내는지 '자신의 궁금증'을 위한 질문을 하지 않았어요. 그저 진심으로 당신이 건강한 밥, 갓 지은 밥을 먹고 있는지 '안녕을 궁금해하는 질문'을 던졌지요.

돌이켜보면 아줌마의 따뜻한 질문 하나가 한 청년의 삶도, 아줌마 자신의 삶도 구원한 것은 아닐까요. 순수하게 상대의 안녕을 묻던 그 질문 하나가요.

질문 하나로도
누군가와 연결될 수 있습니다.
질문 하나로도
누군가를 구해낼 수 있습니다.

일단 오늘은
쓰레기 하나 버리기부터

나중에야 알게 된 사실인데요. 경진 씨가 숙자 아줌마에게 발견된 것은 오로지 숙자 아줌마의 따스함 때문만은 아니었어요. 경진 씨에게도 보이지 않는 노력이 있었습니다. 바로 '방을 치우는 것'이었어요.

고립 초기, 한동안 경진 씨의 방은 쓰레기장이었대요.

"재열 님, 혹시 〈그알〉 쓰레기 집 편 봤어요? 제 방도 딱 그랬어요."

경진 씨가 말한 방송은 SBS의 시사 프로그램 〈그것이 알고 싶다〉의 '나 혼자 '쓰레기 집'에 산다 - 2024 젊은이의 음지 보고서' 편이었지요. 여러분은 혹시 본 적 있나요? 그야말로 산더미처럼 쓰레기가 쌓여있는 집에 사는 사람들 이야기요. 발 딛을 틈도 없이 빼곡히 먹고 난 플라스틱 용기, 과자봉지, 페트병, 그 위에 다시 속옷이 벗어져 놓이고, 그 위에서 잠을 자는 겁니다.

전문가들은 입을 모아 이야기하죠.

놀랍게도 90퍼센트가 20대, 30대예요.
젊은 분들이 압도적으로 많아요.
20대, 그중에서 여성분들이 대다수예요.

여기까지 보면, 시청자들은 자연스레 특수한 일부의 이야기라고 생각할 수도 있습니다. 고립에 대한 흔한 편견처럼 '은둔 청년이겠거니' 또는 '장기 미취업 상태의 무직 청년이겠거니'라고 말이지요. 하지만 뒤이어 나오는 청소 업체 관계자, 관련 업체 대표 등의 인터뷰는 우리의 예상을 완전히 깨버립니다.

"비밀 유지 조항 때문에 자세히 말할 수는 없지만 아나운서분도 계셨고요. 방송국 PD, 의사도 있었고, 유명한 인플루언서도 있었어요."

"우리가 소위 좋은 직업으로 분류할 수 있는 직업군들도 많았고요. 전혀 문제없어 보이는데도 불구하고 집안은 그런 상태인 거예요."

즉, 겉으로는 멀쩡히 사회생활하는 것처럼 보이는데, 집은 충격적인 쓰레기 집 상태인 겁니다. 노인 분들이 주로 버리지 않고 모아두는 저장 강박과는 무척 달랐어요. 언젠가 쓸모 있을만한 것을 모아두는 게 아니라 버려야 할 쓰레기들을 그대로 다 방에 쌓아둬서 벌레가 수백 마리 들끓는 채로 사는 겁니다.

청소 업체 관계자들은 마음과 관련된 일을 하는 사람들이 아니기 때문에 너무도 의아해했어요. '문제가 없어 보이는데 대체 왜지? 일하러도 나가는데 왜 그럴까?'라고요.

그러나 이제는 저도, 여러분도 알잖아요. '일하러 나가는 것'만으로는 멀쩡하게 지낸다는 뜻이 아니라는 걸요. 〈그것이 알고 싶다〉에 나오는 사례자들은 대부분 은둔이 아닌 고립, 즉 사회적 고립 상태라고 강력하게 판단되는 상태였습니다.

전문가 인터뷰는 어떤 진단을 내놓을까 싶어 궁금하게 바라보다가 한 정신건강의학과 전문의 선생님의 말씀에 고개가 절로 끄덕여졌어요. 물건을 버릴지 말지 고민하는 것 또한 세로토닌과 도파민 등을 소비하는 행위, 즉 에너지를 쓰는 행위라는 거지요. 이런 의사결정조차도 뇌에서 노동으로 생각하고 버거워하면 소위 말해 놔버리는 겁니다.

그런데 쓰레기가 하나가 아닌 10개, 20개가 되면 노동의 강도는 훨씬 더 강하게 느껴지겠지요. 그렇게 서서히 다윗과 골리앗처럼 어찌할 수 없는 거대한 벽처럼 느끼면서, 치우기를 아예 포기하게 되는 겁니다.

경진 씨도 그랬대요. 자신이 가장 오래 머무르고 유일하게 회복해야 할 공간이 쓰레기장이 되는 순간, 삶을 스스로 통제할 수 있는 감각을 잃어버린 기분이었다나요. 내가 내 삶을 컨트롤할 수 있다는 감각을 상실하게 되면 관계도, 일도, 그 어떤 것도 내가 컨트롤하고 재건할 수도 없을 거라는 생각으로 번져가게 됩니다. 그래서 그 어떤 심리 테라피나 전문가의 노하우보다도 중요한 게 바로 쓰레기를 버리는 행위지요.

　그런데 저는 문득 궁금해졌어요. 이미 경진 씨네 집은 엄청난 쓰레기장이었다는데, 어떻게 버릴 마음을 먹게 된 걸까? 너무 산더미처럼 쌓여버리면 엄두가 나지 않을 텐데요.

　"그거 내가 다 하려고 하지 말고, 내 선에서 할 수 있는 노력을 해야 해요."

　경진 씨가 말한 '내 선에서 할 수 있는 노력'이 뭔지 아세요? '청소 업체에 전화하기'였어요. 산더미처럼 쌓인 쓰레기를 몇 개 치우려다가 포기하면 '역시 안 되네'라는 생각으로 자포자기하는 마음만 강화되더라는 거예요. 4개월 정도 쓰레기가 쌓이고 난 뒤, 그녀는 치울 의지 자체를 잃어버렸다고 했습니다.

　하지만 다행히도(?) 청소에 진심인 숙자 아줌마가 냄새가 난다는 민원이 너무 많으니 네 개 층의 모든 세대를 직접 방문해야겠다고 문자로 통보했대요. 누군가 집에 오는 게 너무 두려운 데다가 본인 때문이라는 걸 들켜서 쫓겨날까 걱정했던 경진 씨는 거의 타의에 의해서 청소 업체를 부르게 되었다는 겁니다.

　하지만 완전히 리셋된 집을 보니까, 거기서부터 하나씩 생기는 쓰레기는 그때그때 버릴 수 있겠더래요. 그래서 그때부터는 아무도 없는 시간대에 그날 먹은 쓰레기만이라도 밖에 내놓기 시작했습니다. 눈치 빠른 숙자 아줌마는 매일 나오는 배달음식 쓰레기가 4층 아가씨네 것이라는 것을 알게 된 거고요.

그 결과 재난 문자가 오발송된 날, 아줌마는 경진 씨에게 따스한 밥을 지어 먹이며 서로 연결되는 경험을 한 거지요. 어찌 보면 아줌마가 경진 씨를 변화시킨 것도 맞지만, 그 시작점에는 경진 씨가 스스로를 변화시킨 '청소의 힘'이 있었습니다.

미국 컬럼비아대학교 의학 박사인 맥스웰 몰츠Maxwell Maltz는 꾸준히 어떠한 행위를 반복함으로써 내가 내 삶을 변화시킬 수 있다는 자기 통제의 신뢰감을 갖게 된다고 말했어요. 그 주기는 3일, 7일, 21일로 이어지지요.

대표적으로 금연이 있지요? '담배 안 피우기'처럼 '집 안 어지르기'를 목표로 해보는 것은 어떨까요? 엄청 깨끗하게 지내자는 게 아니라 지금 눈앞에 있는 것들을 치우고 조금 정돈된 상태, 딱 그 상태로 며칠을 유지하는 것 말이에요.

'당장 고립에서 벗어나야지' 하며 억지로 사람들과 연결되지 않아도 됩니다. 무리해서 많은 힘을 내지 않아도 됩니다. 딱 집이 더럽혀지지 않은 상태를 유지하는 것. 그것에만 집중해보는 거예요. 최소한 내가 내 삶을 통제할 수 없다고 느껴 모든 걸 놔버리지 않도록, 최소한의 안전망이 되어줄 겁니다. 그리고 이다음 단계로 나아갈 수 있는 바탕이 되어줄 겁니다.

06.

**내가 도울 수 있는 것과 없는 것을
구분하는 법**

● 　　　　경진 씨의 사례에서처럼, 때로는 생각지 못한
사람이 세상과의 연결고리가 되기도 합니다. 회복이 뜻밖의 인
물에서부터 시작될 수도 있는 거죠. 사랑하는 관계도, 오래 알고
지내던 관계도 아니었던 사람들이 말이에요. 저와 동네 공원의
퇴직자 아저씨도 그랬었고요.

　이 말을 되짚어보면 누군가가 고립을 겪고 있을 때 그 사람의
회복에 '결정적 존재'가 되는 사람이 꼭 가족, 연인, 배우자만은 아
닐 수도 있다는 의미입니다. 많은 분들이 사랑의 마음이 깊을수
록 '내가 도와야 한다'는 책임감에 스스로를 옥죄곤 해요. 특히
부모나 배우자 집단에서 이런 마음가짐은 자주 발견됩니다. 그럴

수밖에 없지요. 사랑하니까, 그가 어서 다시 일상으로 돌아와 우리 곁으로 걸어오기를 누구보다 간절히 바라는 사람이니까요.

하지만 그 때문에 또한 많은 분들이 실수하는 부분이 있어요. 내가 어디까지 도와야 하고, 어디까지 할 수 있는지를 간과하게 되는 것이지요.

앞선 에피소드에서 정혁 씨 기억나세요? 운동 중독에 빠졌던 그 정혁 씨 말이에요. 제가 그와 헤어지면서 심리상담사 선생님께 바통을 넘겨드린 것을 기억하실 겁니다. 물론 정혁 씨 외에 몇몇 분들은 저와 함께하면서 조금씩 회복의 경험을 했지만, 정혁 씨의 아픔은 제가 도울 수 없는 것이었어요.

물론 저도 코칭 심리를 공부한 유자격자이긴 하지만, 임상심리나 정신분석학을 공부한 사람이 아니기 때문에 긴 호흡으로 치유해나가야 하는 트라우마를 돕기에는 실력의 한계가 분명했어요.

그렇다면 내가 상대방을 도울 수 있는 상황이 아닐 때, 내 선에서 할 수 있는 가장 좋은 도움은 무엇일까요? 바로 '연계자'가 되는 거예요. 그 사람에게 진짜 필요한 전문가를 소개해줄 수 있는 사람이 되는 거죠. 이 챕터에서는 여러분께 어떤 전문가가 어떨 때 도움 되는지 그 구분법을 말씀드릴 거예요.

마음을 돌보는 데에 도움을 줄 수 있는 전문가는 크게 네 부류로 나뉩니다. 심리상담 전문가, 정신건강의학과 전문의, 코칭 전문가, 명상 지도자 정도가 되겠네요. 그 외에도 임상심리사나 예술치료 전문가 등 다양한 선생님들이 계시지만 일단 큰 틀에서 네 종류의 전문가를 소개할게요.

일단 정신건강의학과 심리상담의 차이부터 살펴봐야겠어요. 여러분은 두 전문가의 차이를 잘 알고 있나요? 좀 더 심하면 정신건강의학과, 덜 심하면 심리상담이라고 생각하는 인식도 예전에는 많았습니다. 하지만 정신건강의학과 전문의 선생님들과 심리상담사 선생님들이 유튜브를 통해 많은 이야기를 전하면서 어렴풋이 구분하게 되는 분들도 많아졌어요.

아주 직관적으로 이야기를 하자면 '신체적 증상을 동반한 문제'들은 정신건강의학과 처방으로 즉각적인 도움을 받을 수 있습니다. 즉 단지 우울한 '감정'만 느끼는 것이 아니라 불면, 가슴 두근거림, 과호흡, 극도의 불안감으로 인한 행동 문제 등 신체적으로도 어떤 징후가 나타났을 때 이것은 약 처방이 필요한 경우가 많은데요. 의약처방의 권한은 오로지 정신건강의학과 전문의에게만 있습니다.

다만 정신건강의학과에 다녀와서 "의사가 너무 대충 진료한다."라고 말하는 분들도 있는데요. 일반적으로 상담을 떠올리면 1시간 정도 천천히 내 이야기를 다 들어줄 것 같은데, 의사가 모니터만 보면서 몇 가지 질문을 하고 10분 정도 만에 끝났다는 거죠.

그럴 때마다 말씀드립니다. 그것은 '심리상담센터'에서 제공하는 상담에 가깝다고요. 그러니까 내 이야기를 긴 호흡으로 오랫동안 경청하고 대화를 통해 문제의 해결 방향을 찾아가는 것은 심리상담사 선생님들입니다. 물론 정신건강의학과 전문의 선생님 중에서도 정신분석학을 꾸준히 연구하고 계신 분들은 상담을 길게 하기도 해요.

하지만 정신건강의학과의 가장 핵심 목표는 지금 환자가 겪고 있는 증상을 완화하고 점진적으로 치료해나가는 최선의 '치료법'을 찾는 겁니다. 그래서 계속 질문하는 거예요. 마치 정형외과 가면 "허리만 아프세요? 다리 쪽이 저리지는 않으시고요? 이쪽 누르면 어떠세요?"라고 문진하듯이 말이지요.

하지만 심리상담은 최소 5회기 이상, 한 번에 50분 이상의 상대적으로 긴 호흡의 이야기가 오갑니다. 그 가운데서 서서히 자신의 문제 상황과 원인에 접근하고, 스스로 그 문제를 해결할 힌트를 찾도록 가이드하지요.

제가 정혁 씨를 정신건강의학과가 아닌 심리상담센터에 연계한 것도 이 두 가지의 차이를 알고 있기 때문입니다. 정혁 씨에겐 불면, 공황 같은 증상이 없는 채로 '오래 묵은 트라우마'가 있기 때문에 심리상담이 더 적합하지 않을까 생각한 거지요.

하지만 만약 제 판단이 틀렸다고 해도 걱정할 것은 없습니다. 건강한 마인드를 가진 전문가는 만약 다른 분야의 전문가가 더 적합하겠다고 생각하면 적합한 누군가를 추천해주기 때문이에요. 다른 분야를 믿지 말라거나 배척하는 태도를 가진 전문가는 그다지 추천하고 싶지 않습니다. 심리학과 정신건강의학은 약간의 교집합을 가진 채, 각기 다른 역할을 하고 있는 존재이기 때문이지요.

그렇다면 상대적으로 조금 더 캐주얼하게 느껴지는 코칭이나 명상은 어떨까요? 코칭은 '더 나은 삶으로의 향상'이라는 목적을 가지고 있습니다. 심리학이나 정신건강의학이 마이너스 상태인 사람을 최소한 일상이 가능하도록 제로 정도까지 올려주는 것을 1차 목표로 한다면, 코칭은 제로 정도의 사람이 플러스가 되도록 돕는 느낌이라고 생각해도 좋습니다.

예를 들어볼까요? 사람들과 소통하려고만 해도 덜덜 떨리고 두렵다는 사람은 심리상담이나 정신건강의학의 도움을 받아야겠죠. 반면 '사람들과 대화할 때 조금씩 공감을 못 받는 느낌이 들어서 서운함이 든다. 어떻게 이 서운함을 상대가 기분 나쁘지 않게 전할 수 있을까?'와 같이 일상에서 겪을 수 있는 구체적 문제 상황을 가지고 더 나은 인간관계를 추구하는 것이 목적이라면, 코칭도 훌륭한 선택지가 됩니다. 마이너스에서 제로로, 또 제로에서 플러스로 나아가는 각각의 구간을 담당하고 있는 셈이지요.

마지막으로 명상은 내가 어떤 상황에 있든 그 상태에서 평온함을 찾을 수 있도록 도와줍니다. 앞선 세 전문가가 상황의 개선을 지향한다면, 명상은 상황이 개선되지 않더라도 그것을 받아들이는 자신의 마음가짐을 안정화하는 데 핵심 목표가 있다고 볼 수 있겠지요.

마음이 아프든 그렇지 않든 일상의 예방적 습관으로 적극 권합니다만, 딱 한 가지 최근에 사별 등 큰 아픔을 겪은 분께는 권하지 않아요. 명상의 핵심 중 하나가 시각화Visualization인데요. 자꾸만 아픔이 재경험되면서, 심리적 문제를 더욱 야기할 수도 있다는 전문가들의 의견이 있거든요.

여러분이 이러한 차이와 함께 각 전문가의 역할을 알아두는 것만으로도 아주 훌륭한 연계자의 연습을 마친 겁니다. 그리고 또 한 가지, 마음의 전문가들뿐만 아니라 고립 당사자를 도울 수 있는 사회적 자원에 대해서도 알고 있으면 연계자로서 금상첨화라고 할 수 있지요.

리커넥팅 테라피 11

지금 당장 고립 당사자에게
실질적 도움을 줄 수 있는 곳

'사회적 자원'이라고 하면 어떤 것인지 바로 와닿지 않으실 수도 있는데요. 정부나 지자체 또는 민간에서 고립 당사자를 돕는 공익 프로그램이나 공공 서비스를 말합니다.

제가 만났던 사례자의 대다수도 회복의 모멘텀을 물었을 때, 주변에서 권했던 프로그램에 우연히 참여하게 된 거라고들 말하더라고요.

지금 우리 주변에서 쉽게 만날 수 있는 공공 서비스와 기관, 단체는 어떤 것들이 있는지 한번 살펴볼까요?

● 고립·은둔 : 고립·은둔 청년을 위한 상담 및 지원 사업

사업명	주관	홈페이지
청년 체인지업 프로젝트	청년재단	bit.ly/2024changeup
고립·은둔청년 상담	보건복지부	mohw2030.co.kr
고립·은둔 자가진단	보건복지부	rb.gy/glpjso
서울시 고립·은둔청년 지원 사업	서울특별시	rb.gy/x2fghu
경기 고립·은둔청년 지원 프로그램	경기도	rb.gy/fpt7d0
광주광역시 은둔형외톨이 상담	광주광역시	gjtory.kr/counseling

● 긴급지원 : 위기가구를 위한 신속지원 및 사례 관리

사업명	주관	홈페이지
긴급복지 생계지원	보건복지부	rb.gy/co9xth
긴급복지 주거지원	보건복지부	rb.gy/xp39ch
긴급복지 의료지원	보건복지부	rb.gy/x03jys
서울형 긴급복지지원	서울특별시	rb.gy/z78zfy
경기도형 긴급복지 지원사업	경기도	rb.gy/h3au2c
희망풍차 긴급지원	대한적십자사	bit.ly/redcross-sos

● 마음건강 : 정서적 어려움을 겪는 청년을 위한 마음건강 지원 사업

사업명	주관	홈페이지
청년마음건강지원사업	보건복지부	rb.gy/mm50zq
전국민 마음투자 지원사업	보건복지부	rb.gy/asg331
서울시 청년 마음건강 지원사업	서울특별시	rb.gy/3jwlnj
청년 마음이음	부산광역시	rb.gy/hp2kcw

● 일경험 : 청년을 위한 직무교육 및 취업지원 프로그램

사업명	주관	홈페이지
미래내일 일경험 사업	고용노동부	work.go.kr/experi
국민취업지원제도	고용노동부	kua.go.kr
청년도전지원사업	고용노동부	youth-up.kr

● 그외

사업명	주관	홈페이지
'청년의 고립' 정보 모아보기 (노션)	청년재단	rb.gy/a2ttu5
고립청년 지원정보 모아보기 (오픈채팅)	청년재단	bit.ly/isolation-info
대한민국 대표 복지포털 '복지로'	보건복지부	bokjiro.go.kr

*지원 사업은 2024년을 기준으로 정리했으며,
사업 기간 및 상세 내용은 해마다 변동될 수 있습니다.

도움받을 수 있는 기관

기관명	홈페이지
• 전국	
보건복지상담센터	유선문의 129
전국 청년센터	bit.ly/youthcenter_
• 서울특별시	
공감인	gonggamin.org
니트생활자	neetpeople.kr
대한적십자사	redcross.or.kr
무브유어마인드	moveyourmind.co.kr
사람을 세우는 사람들 더유스	theyouth.or.kr
서울청년기지개센터	instagram.com/gijigaecenter
씨즈	dudug.kr
안무서운회사	notscary.co.kr
오늘은	oneul.or.kr
이아당 심리상담센터	instagram.com/okokcenter
자립지원전담기관	sjarip.or.kr
지식순환사회적협동조합	linktr.ee/kcunion
청년재단	kyf.or.kr
커리어투어	careertour.co.kr
팔랑주머니	linktr.ee/palangjoomoney
펭귄의 날갯짓	instagram.com/fluttering.penguins
푸른고래 리커버리센터	the-recoverycenter.org
• 그외	
고립은둔자조모임 열림(강원도 춘천시)	instagram.com/yeolim2023
아디주 커뮤니티(인천광역시)	adizu.co.kr
은둔형외톨이지원센터(광주광역시)	gjtory.kr
청년미래센터(인천, 울산, 충북, 전북)	mohw2030.co.kr
파이나다운청년들(경기도 성남시)	pie-edu.com
행복공장(강원도 홍천군)	happitory.org

자료 제공: 청년재단 이음사업팀

내가 사랑하는 사람이 고립에 머물러 있을 때

07.

그들 곁에 있는 당신의 마음이
지치지 않도록

●   원고가 거의 마무리되어갈 때쯤 오랜만에 재단
에 들렀어요. '잘나가는 커뮤니티'에 초대받았거든요. 이름이 재
미있잖아요. 제가 대표로 있던 NGO의 이름인 '청춘상담소 좀놀
아본언니들'이랑 왠지 느낌도 비슷하고요.

아, 그러고 보니 왜 단체명이 그렇게 지어졌는지 이야기를 드
린 적 없군요? 제가 블로그를 한참 하던 때, 처음엔 치료 목적으
로 시작한 거라 저에 대한 아무런 정보도 쓰지 않았거든요? 그런
데 생각지도 못하게 꽤 인기 있는 블로그가 되고 많은 분들이 찾
아오시면서 본의 아니게 신비주의 블로거가 된 거예요.

사람들은 추측하기 시작했지요. 어떤 사람일까 하고요. 그들

이 찾은 힌트는 '미대를 나왔다. 패션 회사 인사팀에 다녔다. 담배를 종종 핀다. 반말로 직설적인 글을 쓴다(당연히 저 혼자 보는 거라고 생각했으니까요).' 정도였어요. 그런 정보들을 모으고 모아 많은 분이 굉장히 걸걸하고 화장이 짙은 센 언니라고 생각했던 것 같아요.

사람들의 그 오해가 재미있기도 했어요. 당시 저의 역전이를 우려한 담당 선생님의 권유로 가상의 '페르소나'를 만들어서 글을 쓰기 시작했던 거거든요. 이후에 상담 동료들이 생겨난 뒤에는 언니 뒤에 '들'을 붙여서 '언니들'이 된 거지요.

어쨌든 '잘나가는 커뮤니티'도 만만치 않게 독특해보여서 이름의 의미를 물어봤지요. 팀장님이 말했어요.

"심플해요. 혼자 갇혀있고 멈춰 있던 청년들이 이제는 회복해서 잘 나가고 세상이랑 소통한다는 의미죠. 이 모임은 고립 당사자였다가 회복된 청년들의 모임이거든요."

"아, 그 의미였군요. 정말 밖으로 나간다는 뜻? 의미가 좋네요. 근데 전 뭘 하면 되죠?"

"작가님이 뭘 하신다기보다 이분들과 대화 나누는 걸로 충분하지 않을까 싶어서 모셨어요. 회복 당사자분들이라면, 작가님께도 또 다른 의미로 도움을 드릴 수 있을 것 같아서요."

"오, 좋은데요? 저 안 그래도 고립에서 벗어나신 분들께 궁금한 게 있긴 했어요."

한 분 한 분 인사를 나누며 자리에 앉았지요. 확실히 이전 사레자분들보다는 한결 가벼운 표정이었어요. 대부분 직장을 다니면서 일상도, 관계도 많이 회복한 분들이었지요. 어떤 분들은 이 모임에 나오기 위해 반차를 쓰시기도 했대요. 정말 고마워서 왜 그렇게까지 했냐는 제 질문에 한 청년이 이렇게 말했어요.

"이런 책이 나온다는 게 참 고마워서요."

"어떤 점이요?"

"내가 가장 부끄러운 경험이라고 생각했던 순간이 나와 같은 사람들에게 도움이 될 수 있다는 게 참 감사하네요. 고립을 겪어보니까 내 존재가 의미 있다는 걸 느끼는 게 참 중요하더라고요."

따듯한 마음을 가진 청년들의 이야기에, 마음이 뭉클해졌어요. 예전의 자신과 같은 동굴 속에 지내고 있는 얼굴도, 이름도 모르는 누군가를 위해 반차까지 써가면서 자리한 그 마음이 말이지요. 두런두런 대화를 나누다가 저의 집필 이야기로까지 흘러왔어요. 다들 궁금해하시더라고요.

"음, 사실 거의 다 썼어요. 하지만 마지막이 참 어렵네요."

"왜요?"

"사랑하는 사람이 고립을 겪고 있을 때에 대한 이야기가 가장 마지막 파트인데요. 원래 가장 중요한 이야기를 마지막에 두잖아요. 이 책의 끝자락에, 제가 어떤 이야기를 해야 할지 조금 고민이 돼요."

그때 한 청년이 손을 들었어요. 민정 씨였지요.

"저 혹시 얘기해도 돼요?"

"오, 그럼요."

"저는 사랑하는 사람이 고립을 겪고 있을 때, 그 곁에 있는 사람한테 가장 필요한 말은 이거라고 생각해요."

"뭔데요?"

"곁에 있는 당신의 마음도 돌보라고요. 당신의 마음이 지치지 않았으면 좋겠다고요."

생각해보니 맞는 말이었어요. 사례자들과의 만남을 통해 고립의 대다수가 '나를 잃어가는 가운데 생기는 것'이었다는 게 떠올랐지요. 그런데 사랑하는 사람을 돕기 위해 온통 그 사람에게 신경을 기울이며 나를 잃어간다는 건 또 다른 고립으로 이어질 수 있으니까요.

"민정 씨, 정말 공감되는 이야기예요. 그런데 어떻게 하면 마음이 지치지 않을 수 있을까요?"

"희망의 증거를 만나는 게 중요해요."

"희망의 증거요?"

"네, 예전에 저희가 캠프를 갔었거든요? 그런데 고립된 청년들의 어머님들도 캠프를 오셨더라고요. 두 행사가 같이 합쳐지면서 저희가 장소 세팅도 하고, 어머님들 음식도 나눠드리고 했는데요. 저희를 보면서 막 우시는 거예요. 막 손도 잡고 끌어안으며 우시는 거예요."

"이유가 뭐였을까요?"

"회복되어서 다시 건강하게 살아가는 저희를 보면서, '너희 존재가 우리에게 희망이다. 우리 아이도 다시 살아갈 거라는 희망이 생긴다.'면서 당신 일처럼 정말 기뻐하시더라고요. 그래서 저희는 이런 책이 나오는 게 감사한 거예요. 누군가에게 희망의 증거가 될 수 있잖아요."

잠시 잠깐 만난 사람이었지만, 민정 씨의 속 깊은 이야기가 참 오랫동안 머릿속에 맴돌았어요. 문득 브런치(카카오에서 운영하는 블로그 플랫폼)를 하신다는 이야기가 기억나서, 민정 씨의 브런치를 들어가 보았어요.

희망의 증거가 세상에 필요하다는 그녀의 말을 스스로 실천하고 있더군요. 자신의 가장 어두운 시절 이야기부터 행복한 지금에 이르기까지, 담담한 필체로 이야기를 써 내려가고 있었어요.

자신을 이렇게 소개했더라고요.

'붕괴된 가정에서 자랐습니다. 지독하게 고아가 되고 싶었고, 고아와 결혼하고 싶었는데, 넘치는 사랑을 받고 자란 이와 부부가 되었습니다. 살아온 가정은 늘 저를 불완전하게 만들었지만, 제가 선택한 가족은 스스로를 충만하게 만들어주고 있습니다. 그 변화의 순간들이 당신에게 희망의 증거가 되기를 바랍니다.'

그 소개 글이 마음에 와닿아서, 시간 가는 줄도 모르고 민정 씨의 글을 모두 읽었어요. 본인이 상처받고 마음의 문을 닫았던 사람이기에, 회복하여 사랑스러운 민정 씨가 되기까지 긴 시간 동안 곁을 묵묵히 지켜주었던 남편. 아마도 속 깊은 민정 씨는 늘 고마운 마음과 함께 '내 곁에 있는 남편의 마음은 괜찮을까' 염려하며 바라봐줬던 게 아닐까 싶었어요.

여러분은 어떤가요? 지금 사랑하는 사람의 아픔에 온통 시선이 쏠려 있느라 자신을 돌보는 것을 잊고 지내지는 않나요? 어쩌면 조금 더 오랜 시간 천천히 그를 기다려야 할지도 모릅니다. 우연히 칼에 베인 상처는 한 순간이지만 그것을 회복하고 새살이 돋아나는 데에는 10배, 20배의 시간이 걸리기도 하니까요.

하지만 분명한 것은 기다림의 시간이 지나면 마음에도 새살이 돋아난다는 겁니다. 그 사실 하나를 가슴에 품고, 조금만 더 긴 호흡으로 함께 걸어가면 어떨까요. 때때로 내 마음도 들여다보면서, 내 마음도 안녕한지 스스로 물어가면서요.

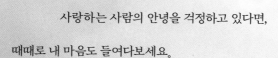

사랑하는 사람의 안녕을 걱정하고 있다면,

때때로 내 마음도 들여다보세요。

당신의 마음은 정말 안녕하신가요?

08.

동굴을 지나온 그들이
동굴 속 당신에게

● 　　　　　마지막 챕터는 어떤 내용을 담으면 좋을까 참 많이도 고민했어요. 한참을 생각한 끝에 제가 내린 결론은 '연결' 이었어요.

저는 이 책을 쓰면서 제 정체성을 작가라고 생각하지 않았어요. 여러분과 에피소드 속 주인공인 사례자들을 이어주는 연결 고리이자 매개체라고 생각하곤 했답니다. 제 시선과 입을 빌린 글이지만, 사실 사례자분들이 용기를 내주시지 않았더라면 이 책은 완성되지 못했을 거예요. 그래서 이 마지막 지면은 가장 귀한 그분들의 목소리로 피날레를 장식하고자 합니다.

지면 관계상 모든 에피소드를 다루진 못했지만 그분들이 제게 들려준 하나하나의 문장들은 무척 소중했고, 또 영롱했어요. 아주 조금 먼저 인생의 동굴에 들어갔고, 아주 조금 먼저 다시 그곳에서 걸어 나온 사람들이 자신과 비슷한 순간을 겪고 있는 사람에게 한마디 전하고자 하는 용기와 따스함을 온전히 전하고 싶은 제 마음, 이해되시려나요?

만약 이 책을 읽고 있는 당신이 고립을 겪고 있는 당사자라면, 이 문장 중 하나만이라도 당신의 마음에 씨앗이 되어 심어지기를 바랍니다. 지금 당장 삶이 드라마틱하게 변하지 않더라도 언젠가 반드시 꽃처럼 피어나 당신의 삶을 더욱 건강하고 아름답게 지탱해줄 테니까요.

또한 당신이 사랑하는 사람의 고립을 지켜보고 있는 분이라면, 이 문장들을 언젠가 사랑하는 이에게 조심스레 전해보세요. 고립을 겪어보지 않은 내가 무슨 말을 전해야 할지 모를 때, 이미 그 터널을 지나온 사람들의 이야기를 전해주는 겁니다.

그럼 가장 소중한 마지막 메시지들을 만나볼까요?

진정한 친구는 나 자신이더라고요. 나는 혼자가 아니에요.
나의 가장 친한 친구가 되어줄 '나'가 있다는 걸 잊지 않았으면 해요.

어떤 순간에도 삶을 포기하지 않았으면 해요. 지금 무엇 때문에 힘겨워하든 그건 결코 당신을 죽게 할 이유가 될 수 없어요.

인생에서 쿠션 같은 사람을 찾아보세요. 나를 도와주거나 이끌어주는 사람 말고, 내가 어떤 말을 하든 어떤 행동을 하든 쿠션처럼 부드럽게 넘겨버리는 사람을요. 그 사람이 당신의 회복에 가장 큰 조력자가 될 거예요.

삶은 언젠가 끝난다는 걸 깨닫고 나니, 오히려 모든 게 쉬워졌어요. '나도 죽을 거고 언젠가 다 사라질 건데'라는 마음으로 바라보니 내 앞에 나를 위협하는 존재, 나를 두려움에 떨게 했던 모든 것들도 그저 소멸을 앞둔 작은 존재들일 뿐이었어요. 두려워하지 마세요. 당신을 두렵게 하는 그 존재도 영원하지 않으니까요.

아무 말이라도 하세요. 벽을 보면서 해도 좋아요. 인형에게 말을 걸어도 좋아요. 아무 말도 힘이 있더라고요. 무언가라도 입을 떼어 말하는 시간이 모이고 쌓이면, 다시 세상과 말하게 되더라고요.

내가 나의 가장이라는 걸 깨달았어요. 가장이 가족을 가장 최

내가 사랑하는 사람이 고립에 머물러 있을 때

우선으로 생각하듯, 내가 나의 가장이니까 나만이 나를 최우선으로 아껴줘야 한다는 걸요.

당신의 웜업이 조금 느려도, 자책하지 마세요. 긴 시간 동안 천천히 다시 일어나면 더 오래도록 걸어갈 수 있을 거니까요.

저는 문득 고립이 '높을 고高, 설 립立'이라고 생각한 적 있어요.
'내가 더 높게 스스로 서기 위해 이런 시간을 겪는구나'
그리고 지금 높이 서진 않았지만 스스로 두 발 딛고 다시 살아가고 있어요. 분명 당신에게도 그런 때가 올 거라고 진심으로 믿어요.

epilogue

당신의 안녕을
진심으로 기도하며

여기까지 읽어주신 여러분, 정말 감사합니다. 저는 언제부턴가 에
필로그를 자문자답 인터뷰로 꾸미는 것을 참 좋아하게 됐어요.
강연은 질의응답 시간이 있고, 유튜브 라이브도 채팅창이 있지
만, 책은 그런 실시간의 느낌이 없다고 느껴지곤 하잖아요? 책에
서 아주 조금이나마 여러분과 주거니 받거니 하는 느낌으로 대화
하는 시간을 갖고 싶더라고요.
　여러분이 책을 읽으면서 궁금했을 부분들, 제가 미처 전하지
못했던 이야기들을 전해볼게요.

1. 이 책은 어디까지가 팩트고 어디까지가 상상인가요?
　책의 모든 챕터는 전부 팩션이에요. 그렇다고 소설처럼 작가
의 상상력이 엄청나게 많이 들어간 건 아니고요. 비율은 조금씩

다르지만, 모든 챕터에 약간씩은 저의 상상과 편집이 들어갔어요. 완전한 팩트만으로 쓰인 챕터는 없다는 뜻이죠.

예를 들어 친구 은희의 에피소드는 99퍼센트 사실이고, 1퍼센트 정도의 상상력을 추가했어요. 또 자신을 최대한 드러내고 싶지 않다고 말한 현수 씨의 사례는 60퍼센트의 사실을 기반으로 그에 대한 몇몇 정보를 수정했지요. 다른 사례자의 이야기와 섞기도 하고요.

사실 저에게 정말 힘든 과정이었어요. 지금까지 있었던 사실을 에세이 형태로만 써온 작가라 상상을 덧댄다는 게 참 새로운 도전이었거든요.

하지만 이런 방식을 택한 이유는 '단 한 명도 상처받아서는 안 된다'는 생각 때문이었어요. 많은 사람을 돕고 살리기 위한다는 이유로 단 한 명이라도 상처받는 것이 정당화될 순 없다고 생각했거든요. 특히 '고립'이라는 주제니까요. 그래서 모든 문구를 당사자에게 보여주고, 조금이라도 마음에 걸리는 부분이 있다면 수정하며 맞춰갔어요. 시간이 많이 드는 일이었지만 흔쾌히 했지요.

어찌 됐든 분명한 건 이 책에 나온 모든 내용은 지금도 어딘가에서 살아 숨쉬고 있는 '진짜 사람들의 이야기'라는 거예요. 민경이도, 지희 씨도, 경진 씨도, 숙자 아줌마도, A도, 젠틀한 할아버지가 만드신 유모차와 갈색 푸들 강아지까지 모두 말이지요.

2. 사례자들과의 만남은 어땠나요? 힘들지는 않았나요?

단순한 인터뷰가 아니라 상담의 형태로 만나는 것은 역시 품이 많이 드는 일이었어요. 하지만 저는 집필 과정에서 만난 사람들이 단순히 사연 제보자가 아니라, 이 만남 속에서 조금이라도 그들에게 도움 되는 시간이기를 바랐거든요. 작가이기도 하지만 상담가이기도 한 제가 이 프로젝트에 기여할 수 있는 건 바로 그 지점이라고 생각했어요.

하지만 정말 고맙게도 출연한 대부분은 바라는 것 없이 흔쾌히 참여해주셨답니다. 제가 시간 내주신 분들께 조금이라도 보답하고 싶다고 했을 때, 이런 책이 나오는 것 자체가 보답이고 도움이라며 모두 입을 모아 말해주었지요.

그런 따뜻한 만남이 많아서였을까요? 이 책을 쓰는 동안 주변 사람들이 저에게 하나같이 말했어요. 1년에 두 권의 책을 집필하는 게 정말 바쁜 일정일 텐데도 얼굴이 참 여유로워보인다고요. 시간적 여유, 신체적 여유는 없었지만 마음의 여유는 그 어느 때보다 많았던 것 같아요.

한 챕터, 한 챕터 써 내려갈 때마다 사람들과의 대화가 떠올라 마음이 몽글몽글해지곤 했거든요. 어쩌면 누구보다 연결되고 회복되었던 것은 나 자신이 아닐까 싶을 정도로 말이지요.

3. 가장 기억에 남는 사례자는 누구인가요? 다들 잘 지내고 있나요?

누구 한 분 꼽기가 어려워요. 이 글을 쓰면서 한 분 한 분 모두의 얼굴이 생생하게 떠오르곤 했습니다. 그런 만큼 모두가 제 기억 한편에 소중하게 자리잡고 있지요.

다들 잘 지내고 있냐는 질문에 대해 '다들'이라고 답할 수는 없겠네요. 왜냐면 모든 분들과 연락이 닿지는 못하니까요. 개인 연락처를 알려주지 않은 분들께 굳이 불쑥 더 다가가는 것도 실례라고 생각했거든요.

하지만 몇몇 분들은 친구, 지인, 심지어 동료가 되어 소식을 주고받고 있는데요. 회복의 정도는 다르지만 모두들 각자의 속도로 분명 어제보다는 오늘, 오늘보다는 내일 더 건강하게 살아가고 있다는 것은 확인할 수 있었어요.

4. 재열 님에게 상담을 받으려면 어떻게 해야 하나요?

저는 더 이상 상담을 주 업으로 하진 않아요. 청춘상담소 좀 놀아본언니들 대표에서도 물러나 마음건강 전문 뉴스레터와 매거진을 만드는 '오프먼트'의 대표이사로 새로운 10년을 열어가고 있습니다. 물론 매거진에서 상담 코너를 하나 맡아 연재하면서 그간 갈고 닦았던 상담 실력을 간간이 전하고는 있지만요.

제가 이렇게 직업 정체성을 바꿔야겠다고 생각한 이유는 이미

'자신과의 약속'을 지켰다고 생각하기 때문이에요. 29살 겨울, 누군가의 고민을 들어주기 시작할 때 저 자신에게 약속했어요. 딱 10년만 해보자고요. 그러면 10년 뒤의 세상은 지금보다 '누구나 자신의 고민을 말할 수 있는 세상'이 될 거라고요.

자신과의 약속대로 30대 청춘을 후회 없이 보냈고, 마흔이 되었지요. '자, 이제 넌 뭘 하고 싶지?'라고 스스로에게 물어봤어요. 예전보다 자신의 고민을 말할 수 있는 세상이 되었기에 마음이 아픈 사람들이 전문가를 찾아가 상담받는 것에 대한 사회적 인식이 덜 부끄럽고 덜 비밀스러운 것으로 바뀌었어요.

자연히 저의 관심은 '병원에 갈 정도는 아닌 사람들'이 되었지요. 마음이 아픈 사람은 아니지만, 일상에서 조금씩 지쳐갈 때 무엇으로 자신을 지켜야 하는지 모르는 사람이요. 마음이 더 아파지기 전에 일상에서 자기를 돌볼 수 있는 '예방'에 관심을 두기 시작했어요.

그래서 저는 상담을 받으러 오는 사람을 위한 조직이었던 청춘상담소 좀놀아본언니들을 마무리하고, 상담이 아직 필요하지 않은 사람들을 위해 오프먼트라는 새로운 회사를 만들었어요. 사람들이 일상에서 스스로 마음을 돌볼 수 있는 방법을 알려주는 뉴스레터를 만들기 시작했고, 그걸 더욱 발전시켜서 매거진으로 만들기로 했어요. 상담가에서 잡지 편집장으로 변신했다고나 할까요?

아, 그리고 앞에서 제가 이 프로젝트를 통해 만난 분들이 친구, 지인도 되었지만 동료도 되었다고 했는데요. 바로 민정 씨예요. 그녀의 글솜씨와 진솔함이라면 사람들에게 의미 있는 글을 쓰는 에디터가 될 수 있겠다고 생각해서 모셨지요. 비록 상담이 아닌 매거진의 형태지만 여러분께 마음의 친구가 되고자 하는 마음은 여전합니다. 앞으로도 꾸준히 여러분 곁에 함께할 거예요.

위의 QR 코드를 찍으면 저자의 뉴스레터와 매거진을 만나보실 수 있습니다.

5. 왜 그런 변화를 주고 싶었나요? 불안하지는 않았나요?

이유는 단순해요. 어느 날 문득 도서관에 가 보았는데 〈월간 디자인〉, 〈월간 다도〉, 〈월간 낚시〉까지 참 많은 종류의 매거진이 있지만 〈월간 마음건강〉은 아직 존재하지 않다는 걸 알게 됐어요. 여전히 마음건강은 아프고 나서 치료하는 것이지, 일상의 라이프스타일로 존재하진 않는 거죠.

반려 존재에 대한 에피소드에서도 이야기했듯, 사실은 일상에서 우리의 마음을 돌보는 많은 방식들이 있는데도 그것을 큐레이션 해주는 사람이 없다는 걸 알게 된 거죠.

그래서 저는 이제 상담가보다는 큐레이터가 되어, 마음을 돌볼 수 있는 방법들을 수집하여 전달하는 사람이 되기로 했어요. 마치 신체가 아프면 병원을 가지만, 안 아플 때는 영양사가 제시하는 건강한 식단과 트레이너가 추천하는 운동으로 꾸준히 건강을 지켜가는 일상을 살아가듯이 말이에요.

사실 '창직'이죠. 이미 충분히 안전지대로 올라온 경력을 두고 새로운 일에 도전하는 건 사실 두렵기도 하지만 또 10년만 해보려고요. 우리 사회가 어떤 방식으로 달라질지, 또 저는 어떻게 달라질지 기대도 되고요.

종이 잡지는 아직 갈 길이 먼데요. 벌써 웹 매거진으로는 창간을 시작했답니다. 첫발을 뗐으니 이제 머지않아 〈월간 마음건강〉은 종이 잡지가 되고, 전국의 대학교와 도서관에 비치되어 시민들에게 읽히는 순간이 올 거라고 기대해요. 그리고 10년 뒤 '마음건강'이라는 제목이 적힌 잡지를 숨기지 않고 볼 수 있게 되어 마음을 케어하는 게 일상의 라이프스타일 같은 '보통의 행위'로 인식되는 세상이 되면 좋겠네요.

6. 마지막으로 독자 여러분께 전하고 싶은 말이 있다면요?

사실 고립이라는 주제는 쉽지 않은 도전이었습니다. 집필 제안을 받았을 때 무척 주춤거렸던 기억이 주마등처럼 스쳐 지나갑니다. 제가 가진 10여 년의 짧은 상담 경험만으로는 이 깊은 주제를 글로 다듬어내기 어려웠을 거예요. 그렇기에 이 책이 세상에 나올 수 있도록 도와주신 많은 분들에게 다시금 감사를 느낍니다.

이 책의 출간 프로젝트를 기획하신 청년재단과 저스피스 재단, 기꺼이 자신의 고립 경험을 꺼내어 말해준 100여 명이 넘는 사례자분들이 그 주인공이지요.

저는 사례자분들을 종종 출연자라고 부르는데요. 이 책은 특히나 출연자가 있었기에 쓰일 수 있었다고 생각합니다. 세상에 존재하는 수많은 고립의 모습을 진솔하게 드러내주신 그분들이 주인공이며, 저는 하나로 잘 엮은 PD 같은 존재겠죠. 그렇기에 어쩌면 장재열의 단독 저서가 아니라 장재열 외 100여 명이 만든 공저가 아닐까 생각해요.

독자분들이 이 책을 읽는 동안, 출연자들의 얼굴을 직접 마주한 적은 없더라도 진심만큼은 느낄 수 있을 거라 믿으며 글을 써 내려갔습니다. 앞서 언급한 100여 분 외에도, 프로젝트를 진행하면서 만난 모든 사람들이 매 순간 제게 이렇게 말했어요. 이 책을 읽고 계신 당신의 내일이 오늘보다는 조금 더 안녕하길 바란다고요.

이제 책의 프롤로그에서 했던 그 말들이 조금은 믿어지시나요? 세상에는 당신의 안녕을 바라는 사람들이, 당신의 생각보다는 조금 더 많다는 걸요.

어제보다 오늘, 오늘보다 내일 천천히 하지만 꾸준히 안녕할 당신에게 이 책을 바칩니다. 감사합니다.

리커넥트

1판 1쇄 발행 2025년 2월 17일
1판 3쇄 발행 2025년 5월 8일

지은이 장재열
펴낸이 최용호

기획 (재)청년재단, (재)저스피스 재단, 이진아콘텐츠컬렉션
편집 한지원
디자인 이윤임

펴낸곳 갤럭시코퍼레이션(주)
주소 서울시 영등포구 국제금융로 10 Three IFC 53층
전화 02-6268-8033
팩스 02-6268-8031
홈페이지 www.galaxyuniverse.ai
이메일 with@galaxyuniverse.ai
출판등록 2024년 5월 3일 제2024-000054호

ISBN 979-11-987747-9-8 (03180)